KB188362

변두리에서
중심으로

성역 30주년 기념 설교집

변두리에서
중심으로

• 초판 1쇄 발행 2018년 5월 5일

• 지은이 이진섭
• 펴낸이 조유선
• 펴낸곳 누가출판사

• 등록번호 제315-2013-000030호
• 등록일자 2013. 5. 7.
• 주소 서울특별시 공항대로 637 B-102(염창동, 현대아이파크 상가)
• 전화 02-826-8802 팩스 02-6455-8805

• 정가 15,000원
• ISBN 979-11-85677-28-6 03230

성역 30주년 기념 설교집

변두리에서
중심으로

이진섭 지음

출판사

누가

차례

어느덧 세월이 이렇게 많이 흘렀습니다. 1983년 대학을 졸업하고 주의 종이 되겠다고 두려움과 설레임 속에 신학대학원 입학시험을 치르기 위해서 선지동산에 오르던 때가 어제처럼 생각이 납니다. 지금도 분명히 생각이 나는 것은 그 때 하늘에서 마치 축복이나 하듯 하얀 눈이 펑펑 쏟아졌었습니다. 면접을 보던 날, 길게 줄을 서서 내 차례를 기다리고 있을 때 내 가슴을 한없이 두드렸던 성경 구절이 생생합니다. 그것은 내 눈 높이에 맞게 벽에 붙어있던 말씀 한 구절이었습니다. "너희 안에서 착한 일을 시작하신 이가 그리스도 예수의 날까지 이루실 줄을 우리는 확신하노라"(빌 1:6) 이 말씀을 수없이 마음속으로 되새기며 눈물을 흘렸었습니다. 그리고 합격통지서를 받았을 때의 그 벅찬 감격과 기쁨은 내 생애에 있어서 영원히 잊을 수 없는 하나의 분기점이었습니다. 그것은 분명 하나님의 분명한 부르심이었기 때문입니다.

그리고 또 하나의 나의 삶의 분기점이 있다면 1988년 4월12일, 용천노회에서 목사안수를 받고 곧바로 5월1일 주일에 고촌중앙교회에 부임했던 일입니다. 갓난아기를 품에 안고, 병석에 누워계시는 부모님을 모시고, 약관 32세의 나이로 목회현장에 나왔을 때 마치 삭풍이 부는 광야에 서 있는 느낌이었습니다. 하지만 하나님께서 환상을 통해 나의 가슴에 부어주셨던 비전과 그리스도 예수의 날까지 반드시 이루어주신다는 말씀이 매일같이 나를 새롭게 해 주셨습니다. 미자립 교회에서 자립 교회로 그리고 더 나아가 남을 도울 수 있는 교회로 날마다 성장해 가는 교회의 모습을 바라보는 것은 하나님께서 연약한 나에게 주시는 큰 위로였습니다.

야곱이 라헬을 사랑하여 칠년을 며칠 같이 보낸 것처럼 눈 깜짝할 사이에 시간이 많이 지나갔습니다. 안식년이 네 번이나 지났고, 환갑을 넘어 벌써 성역 30년째가 되었습니다. 이제 앞만 보고 달려왔던 발걸음을 멈추고 사도 바울처럼 잠깐 나의 족적足跡을 살펴보게 됩니다. 목회 사역이 그렇게 간단한 것은 아니지만 그래도 후회스럽지 않은 것은 말씀 사역에 목숨을 걸었던 나 자신의 모습이었습니다.

하나님께서 주신 계시의 말씀을 어떻게 해석하여 이 시대에 적중할 수 있는 메시지를 담대하게 외칠 것이냐의 문제는 설교자의 끝없는 고뇌였습니다. 세례 요한은 자신을 가리켜 '광야의 외치는 소리'라고 했지만, 나 자신은 '고촌의 소리'로 남고 싶었습니다. 수 없이 많은 설교를 강단에서 외쳐댔지만 지금도 설교자로서 부끄럽지 않은 것은 새벽강단입니다. 30년 세월 동안 단 한 번도 2시간 이상씩 말씀을 연구하지 않은 적이 없었으며, 원고 없이 새벽강단에 올라가 본 적이 없었습니다. 수많은 성도들이 새벽에 은혜를 받았고, 또한 이것이 곧 목회하는 나의 영성의 디딤돌이 되었을 뿐만 아니라, 교회 부흥의 밑거름이 될 수 있었던 것은 분명한 사실입니다.

말씀이 말씀이 되게 하는 것은 교회가 교회가 되게 하는 일에 유일무이한 원칙입니다. 신기한 일은 30년 정도 설교를 했으면 말씀 사역이 쉬워질 것 같은데 오히려 점점 더 어려워진다는 사실입니다. 그것은 나의 부정한 입술로 거룩한 하나님의 말씀을 대언하기가 부끄럽다는 사실과, 내가 선포한 말씀대로 나 자신이 살지 못하는 연약함 때문입니다. 그리고 깊고 오묘한 하나님의 말씀을 나의 조그마한 지혜와 영성을 가지고 담아내기가 불가능하기 때문이기도 합니다. 하지만 부족한 나를 하나님께서 말씀의 사역자로 강단에 세우시는 하나님의 은혜에 감격하여 또 다시 마이크 앞에 서게됩니다.

오늘의 이 영광스러운 일이 있기까지 모든 것이 하나님의 은혜

였습니다. 그리고 빼놓을 수 없는 것은 사랑하는 우리 고촌중앙교
회의 모든 성도님들과 훌륭하신 장로님들께서 부족한 사람의 목회
사역을 아론과 훌처럼 받들어주셨기 때문입니다. 아울러 말없이 나
의 오른팔이 되어주었던 사랑하는 아내가 있었기 때문입니다. 그
저 감사할 따름입니다. 이 아름다운 일에 기념이 되고 선물이 될
수 있도록 책 한권을 만드는 일에 교회가 허락해 주셨습니다. 사랑
하는 모든 분들에게 이 부족한 것을 선물로 드리는 바입니다. 감사
합니다.

1.

미성숙에서
성숙으로

베드로전서 4장 12~16절

"¹²사랑하는 자들아 너희를 연단하려고 오는 불 시험을 이상한 일 당하는 것 같이 이상히 여기지 말고 ¹³오히려 너희가 그리스도의 고난에 참여하는 것으로 즐거워하라 이는 그의 영광을 나타내실 때에 너희로 즐거워하고 기뻐하게 하려 함이라 ¹⁴너희가 그리스도의 이름으로 치욕을 당하면 복 있는 자로다 영광의 영 곧 하나님의 영이 너희 위에 계심이라 ¹⁵너희 중에 누구든지 살인이나 도둑질이나 악행이나 남의 일을 간섭하는 자로 고난을 받지 말려니와 ¹⁶만일 그리스도인으로 고난을 받으면 부끄러워하지 말고 도리어 그 이름으로 하나님께 영광을 돌리라"(벧전 4:12~16)

1960년대 유명한 복음주의자이며 교회의 선지자적인 역할을 감당한 토저 목사는 현대 교회에 세 가지 문제가 있다고 말했습니다. 첫째는, 믿는 자가 성장하지 않고 항상 어린아이로 머물러 있으면서 살만 찐다고 했습니다. 둘째는, 믿는 자가 교회 안에서 마땅히 해야 할 일을 알지 못하고 오직 참관만 한다고 했습니다. 셋째는, 믿는 자가 서로 일치되지 못하고 분열과 다툼만 일삼는다고 했습니다. 그래서 토저 목사는 이러한 유아기적 증상을 해결하는 길은 하나님을 제대로 알 때만이 가능하다고 했습니다.

이것은 우리가 자녀를 양육해 보면서 분명히 느끼는 사실입니다. 자녀들이 어린 시절에는 자기중심적 삶을 살게 됩니다. 심지어는 부모도 자기를 위해 존재한다는 생각을 갖고 있습니다. 그러나 자녀들이 성장하면서 부모의 사랑과 은혜에 조금씩 눈을 떠가며 철이 들기 시작을 합니다. 훗날 이 자녀들이 결혼을 하고 부모가 되어 자녀를 키우면서 부모의 은혜를 비로소 알게 되지만 부모는 세상에 계시지 않을 때가 많습니다. 그러므로 '안다'는 개념은 지식적 차원의 이야기가 아니라, 전인격적인 체험을 통해 깨닫게 되는 지식이라고 할 수 있습니다. 이 '앎'은 한 인간의 성숙과 미성숙을 가늠할 수 있는 척도라고 해도 과언이 아닙니다.

베드로서를 읽다보면 우리가 알고 있는 베드로답지 않은 성숙된 메시지를 읽게 됩니다. 베드로는 초대 교회에 있어서 가장 기둥과 같은 역할을 했던 사람으로, 4복음서 전체에서 베드로가 이야기되고 있습니다. 그 중에 마가복음에서 소개하고 있는 베드로의 모습에 대해서 주목해 볼 필요가 있습니다. 그것은 마가복음을 기록한 마가가 베드로의 제자였기 때문입니다.

"택하심을 함께 받은 바벨론에 있는 교회가 너희에게 문안하고 내 아들 마가도 그리하느니라"(벧전 5:13)

그런 까닭에 마가는 누구보다도 베드로에 대해서 잘 알고 있었을 것입니다. 하지만 마가가 위대한 점은 자기 스승에 대해서 절대로 미화하지 않고 있다는 사실입니다. 마가는 수제자 베드로의 카리스마에 대해서 말하지 않습니다. 결코 우리와 다르지 않은 평범한 인간 베드로에 대해서 말할 뿐입니다.

1. 미성숙에서 성숙으로

인간 베드로의 냄새를 맡을 수 있는 첫 번째 사건을 마가복음 8장에서 발견할 수 있게 됩니다. 예수님께서 십자가에서 고난을 받아야 한다는 말씀을 하시게 되자 가장 적극적으로 예수님을 만류한 사람은 베드로였습니다. 그 때 예수님은 베드로를 향하여 "사탄아! 내 뒤로 물러가라"(막 8:33)고 하셨습니다. 이것이 마가가 소개하고 있는 인간 베드로의 모습입니다.

그리고 마가복음 9장에 보면 그 유명한 변화산 사건이 소개되고 있습니다. 예수님은 베드로와 야고보와 요한을 데리시고 변화산에 올라가시게 됩니다. 예수님은 저들이 보는 앞에서 신령한 형체로 변화가 되셨습니다. 그 때 베드로는 예수님에게 이런 건의를 올리게 됩니다.

"베드로가 예수께 고하되 랍비여 우리가 여기 있는 것이 좋사오니 우리가 초막 셋을 짓되 하나는 주를 위하여, 하나는 모세를 위하여, 하나는 엘리야를 위하여 하사이다 하니"(막 9:5)

여기에 나타난 베드로의 모습은 산 밑에 남겨진 자기 동료를 배려하지 않는 이기주의자의 모습입니다. 이렇듯 분별력이 모자라는 베드로의 모습을 마가는 그대로 표현하고 있습니다. 그리고 마가복음 14장에서는 겟세마네 동산에서 잠이 들어버린 베드로, 그리고 예수님을 세 번씩이나 부인했던 유명한 사건이 소개되고 있습니다. 그래서 베드로를 통하여 우리의 자화상을 보는 것 같은 착각을 갖게 될 정도입니다.

이러한 모습을 한 마디로 표현한다면 미성숙 상태라고 할 수 있습니다. 이미 결혼까지 하여 가정도 있고, 3년 동안 수제자로서의 삶을 살았다면 당연히 어른스러워져야 한다는 것이 우리의 상식이요 판단입니다. 그러나 이와 같은 이력사항이 결코 한 사람을 성숙한 인간으로 만들지 못한다는 것이 증명되었다고 할 수 있습니다. 요즈음 매스컴에 소개되고 있는 범죄사건과 연루된 사람들의 면면을 보면 결코 스펙이 모자라는 사람들이 아니라는 것입니다. 때문에 저들의 일탈행위는 우리 모두를 실망시킵니다.

두 아들이 어머니의 사랑을 받으며 자라고 있었다고 합니다. 큰 아이는 일곱 살이고, 동생은 다섯 살이었습니다. 어머니의 생일이 돌아오게 되었는데 두 아들이 각자 어머니께 선물을 드린다고 부산을 떨었습니다. 저들은 저금통을 깨뜨려 그간에 모아 놓았던 돈을 가지고 백화점에 선물을 사러 나갔습니다. 얼마 후 두 아이는 재미있는 선물을 들고 들어왔습니다. 큰 아이는 어머니의 루즈를 하나 사 들고 왔습니다. 그것은 어머니가 아침마다 루즈를 바르는 것을 보았기 때문입니다. 그런데 둘째 아이는 장난감을 사 가지고 왔습니다. 그 이유는 자기 생각에는 그것이 제일 좋아 보이니까, 어머니도 틀림없이 좋아할 것이라고 생각했기 때문입니다. 이것이 바로 미숙입니다. 어머니를 위한다면 어머니가 기뻐하는 것을 찾아야 하는 것이 당연합니다. 그런데 막내 아이는 자기 기준을 갖고, 자기중심적egocentric으로 어머니를 사랑하고 생각했기 때문에 장난감을 어머니께 드렸던 것입니다.

베드로가 예수님을 생각했던 것도 바로 이런 모습이었습니다. 항상 예수님을 생각하는 그 중심에는 자기가 있었습니다. 때로는 용기 있는 수제자의 모습으로 보이기도 했지만 그 내면세계를 들여다보면 자기만족을 위한 이중플레이였던 것입니다. 누구든지 고착화된 이런 상태를 깨뜨리지 못하면 성숙함으로 발전한다는 것은 불가능한 일입니다.

그러면 베드로가 진정으로 성숙한 제자로 거듭날 수 있게 된 동기가 무엇이겠습니까? 우리가 주목해야 할 사건은 오순절 성령강림 사건입니다. 한 인간의 미성숙 상태에서 성숙 상태로 변화되어가는 그 분깃점에 반드시 오순절 사건이 있다는 것을 우리는 잊지 말아야 합니다. 이러한 변화는 베드로 한 사람에게만 나타난 희한한 현상이 아니었습니다. 마가의 다락방에 모였던 모든 사람에게서 동일하게 나타난 변화였습니다. 예수님은 한 밤 중에 찾아온 니고 데모에게 거듭남의 비밀을 설명하시면서 성령의 역사를 이렇게 말씀하셨습니다.

"바람이 임의로 불매 네가 그 소리는 들어도 어디서 와서 어디로 가는지 알지 못하나니 성령으로 난 사람도 다 그러하니라"(요 3:8)

그 거듭남의 역사 가운데 미성숙에서 성숙으로의 변화가 포함되어 있습니다. 이것이 성령의 역사로만 가능한 이유는 성령의 가르침을 통해서만 하나님을 제대로 알 수 있기 때문입니다. 하나님을 제대로 알게 되면 신학부터 달라지게 됩니다. 이전의 베드로는 고난 앞에 힘없이 무너지던 사람이었습니다. 그런데 지금은 자기가 기록한 책에서 고난을 가장 많이 언급하는 제자가 되었습니다. 베드로의 신학을 정의한다면 '고난의 신학'이라고 하여도 지나치지는 않을 것입니다. 미성숙자는 고난을 이해하지 못합니다. 그러므로 고난 앞에서는 한없이 초라한 인간이 됩니다. 그러므로 고난을 어떻게 해석하며 어떻게 다룰 수 있느냐 하는 것이 성숙한 인간의 진정한 모습입니다. 베드로는 고난에 대해서 이렇게 힘주어 말하고 있습니다.

"오히려 너희가 그리스도의 고난에 참여하는 것으로 즐거워하라 이는 그의 영광을 나타내실 때에 너희로 즐거워하고 기쁘게 하려 함이라"(벧전 4:13)

"만일 그리스도인으로 고난을 받으면 부끄러워하지 말고 도리어 그 이름으로 하나님께 영광을 돌리라"(벧전 4:16)

우리가 요셉의 삶을 바라보면서 감동을 받는 이유는 자기에게 닥친 고난의 의미를 해석할 수 있는 능력이 그에게 있었기 때문입니다. 이것이 성숙한 인간의 모습입니다. 성숙한 인간은 고난의 속성을 잘 알고 있기 때문에 어떤 상황에서도 흔들리지 않습니다. 아울러 고난의 가치를 알고 있기 때문에 순교의 길을 걸어갈 수 있는 용기도 가질 수 있습니다. 전해 내려오는 이야기에 의하면 베드로는 십자가에 거꾸로 매달려 순교를 했다고 합니다. 정말 자기가 전했던 메시지처럼 그리스도인으로 고난을 부끄러워하지 않고 하나님께 영광을 돌렸던 것입니다(벧전 4:16).

대만에는 10개의 소수 민족이 있습니다. 그런데 세월이 흐를수록 저들의 세력이 약화되어가고 있다고 합니다. 그 이유는 의외로 간단했습니다. 그것은 저들이 정부로부터 보조금을 받기 때문입니다. 저들에게는 모든 것이 면제가 되고 많은 지원금이 지급됩니다. 그 결과 저들은 더욱 강한 민족으로 번성하는 것이 아니라 오히려 약해지고 사라져 가는 결과를 낳고 말았습니다. 이런 일들은 캐나다를 비롯하여 북미의 여러 인디언들에게도 똑같이 나타나는 현상입니다.

세상에는 도와줌으로 일어 설 수 있는 사람이 있는가 하면, 홀로 부딪쳐도 일어서는 사람이 있습니다. 전자보다 후자의 경우 훨씬 성숙한 인간으로 만들어집니다. 탕자의 아버지는 탕자가 먼 나라에서 망할 줄 알고 있었습니다. 그러나 쥐엄 열매 체험을 통해서 얻게 되는 가치를 무시하지 않았습니다. 그러므로 아버지는 기다릴 수 있었습니다. 사람은 주어진 고난을 맨 몸으로 부딪치며 자신의 모난 부분이 깎여 나갈 때 비로소 미성숙의 옷을 서서히 벗을 수 있습니다.

그리고 성숙은 열매로 나타납니다. 아무리 외모는 그럴듯하더라도 열매가 없으면 미성숙 상태입니다. 그런데 성령은 우리로 열매를 맺게 하십니다. 성령의 역사 없이는 열매를 맺을 수 없습니다. 성령은 우리로 방언을 말하게 하고, 병을 고치며, 귀신을 쫓아내는 것을 목적으로 하는 영이 아닙니다. 오히려 성령은 그러한 사역을 통해서 궁극적으로는 열매를 맺게 하십니다.

"(22)오직 성령의 열매는 사랑과 희락과 화평과 오래 참음과 자비와 양선과 충성과 (23)온유와 절제니 이같은 것을 금지할 법이 없느니라"(갈 5:22-23)

성령은 우리의 강력한 멘토이십니다. 그러므로 성령께 의존하는 결단이 우리에게 있어야 합니다. 성령의 역사에 자기 자신을 맡기

1. 미성숙에서 성숙으로

지 않는 사람에게 성령은 절대로 역사할 수 없습니다. 복잡한 내 속의 자아를 내려놓고, 온전히 성령의 능력을 사모해야 합니다. 그럴 때 오순절의 강력한 성령의 역사는 언제든지 우리들의 삶 가운데 일어날 수 있습니다. 그 때 우리는 미성숙한 어린아이의 모습을 버리게 되고 성숙한 주님의 제자가 될 수 있습니다. 이것이 나를 바라보고 계시는 우리 주님의 소원입니다.

2

불균형에서
균형으로

"²내 형제들아 너희가 여러 가지 시험을 당하거든 온전히 기쁘게 여기라 ³이는
너희 믿음의 시련이 인내를 만들어 내는 줄 너희가 앎이라 ⁴인내를 온전히 이루
라 이는 너희로 온전하고 구비하여 조금도 부족함이 없게 하려 함이라"(약 1:2~4)

하나님께서 창조하신 이 세상은 하나님이 보시기에도 좋을 정도로 완벽하고 아름다운 세상입니다. 그 아름다움의 실체는 조화라고 할 수 있습니다. 조화란 평면적인 개념이라기보다 입체적인 개념이라고 할 수 있습니다. 저는 오랜 세월 사진생활을 하면서 아름다운 작품이 무엇인지를 나름대로 깨닫고 있습니다. 하나님의 멋진 피조세계를 얼마나 조화 있게 담아낼 수 있느냐의 문제입니다. 그런데 조화에서 빼놓을 수 없는 것은 균형감입니다. 어느 한쪽으로 치우침이 없어야 합니다. 미인이 되는 첫째 조건은 몸매는 물론 얼굴의 이목구비까지 균형감 있게 자리 잡고 있어야 한다고 합니다.

이것은 우리의 인격에도 그대로 적용이 됩니다. 보통 인격의 요소로 지, 정, 의를 이야기합니다. 이 인격의 3요소가 치우침 없이 균형이 잡혀 있을 때 비로소 인격인이라고 할 수 있습니다. 즉, 머리와 가슴과 손발의 조화입니다. 흔히 머리는 차갑고 가슴은 뜨거워야 한다고 말을 합니다. 요즈음 우리는 매스컴을 통하여 도저히 상상할 수 없는 범죄행위를 보게 됩니다. 그 정도와 빈도수는 옛날과는 비교할 수 없을 정도로 일상화가 된 느낌입니다. 그 만큼 세상이 악해졌고, 그로 말미암아 인격 파탄자가 많아졌다는 증거입니다. 마치 맹수들 틈 속에서 사는 것처럼 무서움이 우리에게 있습니다.

또한 우리가 살고 있는 이 사회는 거대한 갈등구조 속에 있습니다. 균형이 깨질 때 예외 없이 나타나는 현상이 갈등입니다. 칡넝쿨은 오른쪽으로 감아 올라가지만, 등나무는 왼쪽으로 감아 올라간다고 합니다. 이러한 칡과 등나무를 같이 심었을 때 나타나는 현상을 갈등葛藤이라고 합니다. 우리가 살고 있는 사회 속에 수많은 갈등이 있지만 특히 진보와 보수의 갈등은 심각한 상태입니다. 좌우의 갈등은 세계 모든 나라의 공통적인 현상이지만 우리나라의 경우는 보다 심하다고 할 수 있습니다. 진보나 보수는 우열을 가릴 수 없는 동등한 가치입니다. 그러나 균형을 잃어버리고 한 쪽으로 치우쳐버리는 것이 문제입니다. 이것은 분명 하나님이 기뻐하시는 일이 아닙니다. 하나님의 뜻은 좌우로 치우치지 않고 균형을 이루기를 원하신다는 것입니다.

어떤 물체든 단면이 아닌 입체로 형성되어 내부와 외부가 있게 마련입니다. 이것은 인간도 마찬가지이며 사회 공동체도 예외가 아닙니다. 그러나 사람은 흔히 일면 밖에는 보지 못하는 경우가 많으며 외형만을 보고서 판단하기 쉽습니다. 이렇듯 어느 일면만을 보고 전체를 판단하는 것을 가리켜 편견이라고 합니다. 사람이 편견에 사로잡히면 사리를 분별할 수 없게 되며 모든 일을 성공적으로 마무리할 수 없습니다. 그러므로 편견만큼 무서운 질병이 없습니다. 자기 자신을 파멸시킬 뿐만 아니라 다른 사람을 소외시켜 사회를 혼란상태로 몰아갑니다.

이 세상에 완전한 균형은 없습니다. 완전한 균형은 하나님밖에 없습니다. 삼위일체 자체가 인간이 이해할 수 없는 완벽한 균형이라고 할 수 있습니다. 뿐만 아니라 하나님 속에 내재되어 있는 속성도 완전한 균형을 이루고 있습니다. 때문에 하나님의 통치행위는 완전합니다. 하나님께서 창조하신 우주만물을 보아도 완전한 균형을 이루며 운행이 되고 있습니다. 그러므로 하나님께서 우리에게 요구하시는 것도 균형 잡힌 신앙입니다. 균형이 깨진 그리스도인이 교회 공동체에 심각한 해악을 끼치는 경우가 많습니다. 불균형 신앙의 형태를 우리는 성경에서 찾을 수 있습니다.

첫째는 율법적 신앙입니다. 그 대표적인 사람이 바리새인들입니다. 저들은 율법을 철저히 지키는 자들이었습니다. 바울은 바리새인이었던 시절에 흠이 없을 정도로 율법을 지켰었다고 고백을 했습니다. 그러므로 사람들 눈에 비치는 저들의 모습은 경외심을 불러 일으키기에 충분했습니다. 저들은 한 치의 오차도 없이, 틀림이 없는 존재처럼 보였습니다. 그래서 백성들은 저들을 존경했습니다.

그런데 문제는 이처럼 바리새인들이 훌륭한 외적모습을 가졌음에도 불구하고 저들의 행적 속에서 하나님의 살아계심이 나타나지를 않았습니다. 저들은 자기 의견이 강했고, 항상 남을 판단했습니다. 예수님을 그림자처럼 따라다니며 예수님의 사역을 집요하게 방해했던 대표적인 사람들이 바로 바리새인들이었습니다. 이런 모습이 법을 잘 지킨다고 자부하는 사람들에게서 나타나는 공통적인 특징입니다. 우리 주변에도 항상 법을 들고 나오는 사람들이 있습니다. 이러한 사람들 앞에서는 수많은 사람들이 정죄를 당합니다. 왜냐하면 생명은 없고 율법과 윤리만 있기 때문입니다.

성경 어느 곳을 찾아보아도 바리새인들이 기적과 같은 생명의 역사를 일으켰다는 기사는 읽을 수가 없습니다. 그 이유는 훌륭한 껍데기만 갖추었을 뿐 그 속에 생명이 없기 때문입니다. 생명이 있을 때 기적이 일어나는 법입니다. 예수님의 제자들은 바리새인들에 비해서 율법적 지식은 비교가 안 될 정도로 미천한 사람들이었지만 저들이 생명의 역사를 일으켰다는 사실은 놀라울 뿐입니다.

"칠십 인이 기뻐하며 돌아와 이르되 주여 주의 이름이면 귀신들도 우리에게

항복하더이다"(눅 10:17)

왜 바리새인들과 같은 현상이 일어나는 것일까요? 그것은 신앙의 균형이 깨졌기 때문입니다. 형식은 내용을 위해 존재하는 것입니다. 율법을 아무리 철저히 지킨다고 해도 그 내면에 하나님의 능력이 없으면 메말라빠진 윤리에 불과한 것입니다. 윤리는 사람을 피곤하게 합니다. 예수님의 말씀처럼 수고하고 무거운 짐입니다. 아름답게 보이는 외모만큼이나 그 속에도 아름다운 영성으로 균형이 맞추어질 때 온전한 그리스도인이 될 수 있습니다.

"화 있을진저 외식하는 서기관들과 바리새인들이여 회칠한 무덤 같으니 겉으로는 아름답게 보이나 그 안에는 죽은 사람의 뼈와 모든 더러운 것이 가득하도다"(마 23:27)

둘째는 이론적 신앙, 즉 지식적 신앙입니다. 그 대표적인 사람이라면 서기관들이라고 할 수 있습니다. 서기관이라고 번역된 헬라어 '그람마튜스'를 직역한다면 '글을 베끼는 사람'이란 뜻입니다. 예전에는 인쇄기술이 없었기 때문에 일일이 베껴 써야 했습니다. 또 높은 사람이 말을 하면 받아 써야 했습니다. 왕정 시대의 서기관이란 궁궐에서 왕의 비서 역할을 하는 사람, 회계 담당자, 문서 기록과 정리를 맡았던 사람들을 지칭했습니다. 그 후 유다 왕국이 바벨론에게 멸망하여 포로가 된 후에는 서기관의 역할이 확대되어 율법을 연구하고 가르치는 일까지 하게 되었습니다. 그래서 이들을 율법사라고 불렀습니다. 그러므로 예수님 당시의 서기관들은 율법에 대해 가장 많이 알고 있는 부류의 사람들이었습니다.

그런데 이러한 서기관들의 맹점이 있었습니다. 그것은 율법을 알고 있는 것만큼 저들의 삶이 없었다는 것입니다. 지식은 행동화될 때 가장 큰 가치를 갖게 됩니다. 특히 영적 지식은 우리로 하나님께로 인도하는 나침반과 같은 역할을 합니다. 그런데 서기관들은 율법은 통달했지만 실제로는 예수님과 아무 관계없는 종교인에 불과했습니다.

예를 들어, 동방박사들이 헤롯 궁에 들러 예수가 탄생한 곳을 질문했을 때, 지체 없이 베들레헴이라고 대답했던 사람은 왕궁에서 근무하고 있는 최고의 서기관들이었습니다. 그런데 아이러니컬한 것은 이방의 동방박사들은 아기 예수께 경배하기 위해 길을 떠났지만, 서기관들은 아무 행동도 하지 않았다는 것입니다. 이것이 지식적 신앙에 머물러 있는 사람들의 특징입니다. 이러한 비정상적인 모습에는 불균형의 문제가 있습니다. 행동화되지 않은 지식은 이론에 불과합니다. 그런데 놀랍게도 이러한 그리스도인들이 너무 많다는 것입니다. 아무리 성경공부를 많이 하고, 성경을 여러 번 통독을 해도 삶은 변화되지 않고 있습니다. 이것은 종교적 지식만 더할 뿐입니다. 우리가 성경을 읽고, 성경을 공부하는 이유는 그렇게 살기 위해서여야 합니다.

세 번째로 불균형의 신앙이라면 신비주의입니다. 이와 같은 신앙은 앞에서 언급한 율법적 신앙이나 지식적 신앙과 반대되는 신앙이라고 할 수 있습니다. 물론 기독교에는 과학이 증명할 수 없는 신비가 있습니다. 이왕이면 신비를 체험하며 신앙생활을 하는 것이 훨씬 더 강력한 신앙생활을 할 수 있습니다. 그런데 균형감각을 잃어버리고 체험 쪽으로 치우치게 되면 문제가 됩니다. 개인의 영적 체험이란 상당히 주관적이기 때문에 객관적인 율법의 통제를 받아야만 합니다. 즉 말씀의 조명을 받아야 한다는 것입니다. 이 통제를 받지 않는다면 이단으로 변질된 가능성이 많습니다. '니골라'라는 사람은 초대교회의 일곱 집사 중 한 사람이었습니다. 하지만 요한계시록에 보면 이단의 교주가 되어 있는 것을 볼 수 있습니다.

"이와 같이 네게도 니골라 당의 교훈을 지키는 자들이 있도다"(계 2:15)

신비주의 신앙에는 지나치게 영성이 강조되다 보니 감정과 혼동이 될 때가 많습니다. 그 결과 이성의 기능이 약해지기 쉽습니다. 분별력과 의지력이 약화됨에 따라서 교회가 생존위기에 처했던 것은 초대교회 뿐만 아니라 오늘도 똑같은 현상입니다. 영성이 중요한 것이지만 균형감이 있어야 합니다. 그런 의미에서 영성은 항상 율법의 울타리를 벗어나지 말아야 합니다.

아프리카 최남단은 우리가 아는 것과는 달리 희망봉이 아니라 아굴라스곶이라고 합니다. 이 곳은 풍요한 바다를 갖고 있습니다. 그래서 해초가 많이 자라고 고기 떼들이 몰려다닙니다. 이 곳이 풍요로운 바다가 되는 이유가 있습니다. 그 곳은 최남단을 중심으로 동쪽은 인도양, 서쪽은 대서양으로 나누어집니다. 그런데 대서양에서는 한류가, 인도양에서는 난류가 흘러 이 지역에서 만나게 됩니다. 찬 물과 따뜻한 물이 만나기 때문에 풍성한 바다가 만들어 진 것입니다. 이렇듯 찬 물과 따뜻한 물이 적절히 만나면 풍성해집니다. 마찬가지로 인간도 뜨거운 영성과 냉철한 이성이 조화를 이루게 되면 삶 자체가 풍성해지게 마련입니다. 옛 교부인 오리겐은 말하기를 "하나님에게는 영성과 지성과 사랑이 있다."라고 했습니다.

하나님은 질서의 하나님이십니다. 때문에 하나님은 균형 잡힌 아름다운 당신의 자녀로 우리들을 다듬어 가십니다. 오늘날 현대인들의 가치관은 급성장에 있습니다. 그것은 마지막 때에 사람들이 조급해진다는 말씀 그대로입니다(딤후 3:4). 사업도 급성장하기를 바라고, 교회도 급부흥되기를 원합니다. 성장은 바람직한 것이지만 급성장은 좋은 현상이 아닙니다. 급성장한 곳에는 그 내용이 부실할 때가 많습니다. 나무의 경우도 급성장한 나무는 아무 쓸모가 없습니다. 재목으로도, 기둥으로도, 대들보로도 심지어는 땔감으로도 사용할 수 없습니다. 오늘 우리들에게 가장 큰 유혹이 있다면 급성장의 유혹입니다.

우리는 하나님께서 이스라엘 백성을 왜 40년 동안 광야에 가두어 두셨는지 그 이유를 알아야 합니다. 사실 애굽에서 가나안까지는 그렇게 먼 길이 아니라고 합니다. 보름정도 걸어가면 도착할 수 있는 거리라고 합니다. 그런데 왜 40년의 기간이 필요했을까요? 400년 동안 애굽의 노예로 살던 사람이 하나님의 백성으로 개조되는 기간이 40년 걸렸다는 것을 잊지 말아야 합니다. 광야는 이스라엘 백성에게 균형을 잡게 하는 논산훈련소였습니다. 하나님은 왜 우리에게 고난을 주시는지 본문은 이렇게 말씀합니다.

"인내를 온전히 이루라 이는 너희로 온전하고 구비하여 조금도 부족함이 없게 하려 함이라"(약 1:4)

빈 공간이 없이 채워지되 균형이 잡혀야 합니다. 그것을 위해 칵테일 병을 흔들어 골고루 섞듯이 하나님은 우리의 삶을 흔들 때가 있습니다. 그 작업을 통해 하나님은 무질서한 우리의 삶을 균형 있게 하시고 빈 공간을 채워주시는 것입니다. 진실로 우리 하나님은 실수가 없으신 하나님이십니다.

3.

비본질에서
본질로

누가복음 14장 15~24절

"15함께 먹는 사람 중의 하나가 이 말을 듣고 이르되 무릇 하나님의 나라에서 떡을 먹는 자는 복되도다 하니 16이르시되 어떤 사람이 큰 잔치를 베풀고 많은 사람을 청하였더니 17잔치할 시각에 그 청하였던 자들에게 종을 보내어 이르되 오소서 모든 것이 준비되었나이다 하매 18다 일치하게 사양하여 한 사람은 이르되 나는 밭을 샀으매 아무래도 나가 보아야 하겠으니 청컨대 나를 양해하도록 하라 하고 19또 한 사람은 이르되 나는 소 다섯 겨리를 샀으매 시험하러 가니 청컨대 나를 양해하도록 하라 하고 20또 한 사람은 이르되 나는 장가 들었으니 그러므로 가지 못하겠노라 하는지라"(눅 14:15~20)

어떤 중년의 사나이가 한적한 해변 길을 혼자 거닐고 있을 때 파도가 쓸고 간 모래사장에 뭔가 삐쭉이 솟아있는 것이 보였습니다. 호기심을 가지고 가까이 다가가 보니 그것은 아라비안 나이트에서 나오는 마법의 주전자였습니다. 뚜껑을 열자마자 '펑'하는 소리와 함께 그 속에 갇혀 있던 종이 연기와 함께 나타났습니다. "주인님! 부르셨습니까? 소원을 말씀해 주십시오. 그런데 이제는 제가 들어줄 수 있는 소원이 한 가지밖에 남아 있지를 않습니다. 그러니 잘 생각하셔서 말씀해 주십시오." 잠시 생각하던 사나이는 종에게 말했습니다. "지금부터 꼭 일 년 뒤의 신문을 나에게 갖다 주게!" 이 사나이는 일 년 뒤의 주식 시세를 미리 알아서 그곳에 몽땅 투자를 하여 큰 갑부가 되겠다는 야심을 갖고 있었던 것입니다. 한참 기분 좋게 신문을 보고 있던 그는 갑자기 얼굴이 창백해졌습니다. 그것은 주식의 시세를 알리는 제일 마지막 부분에 자신의 이름 세 글자와 함께 그의 죽음을 알리는 부고장이 게재되어 있었기 때문입니다. 아침에 일어나보니 그것이 꿈이었다고 합니다. 비록 재미있는 풍자 이야기입니다만 정말 꿈이었기에 다행이 아닐 수 없습니다.

오늘날 현대인들은 허황된 꿈에 사로잡혀 살아가고 있습니다. 우리가 분명히 알아야 하는 것은 세상에 존재하는 모든 것에는 본질적인 것이 있고 비본질적인 것이 있다는 것입니다. 그런데 항상 비본질적인 것은 허황된 꿈으로 포장되어 우리를 유혹합니다. 본문은 예수님의 유명한 잔칫집 비유말씀입니다. 주인이 잔치를 배설하고 많은 사람들을 초청했지만 하나같이 거절하였습니다. 본문에는 세 사람의 핑계 이야기가 기록되어 있습니다. 예수님께서 세 사람의 핑계 이야기를 말씀하신 이유가 있습니다. 그것은 모든 인간이 추구하는 비본질의 대표적인 목록이기 때문입니다.

첫 번째 사람은 밭을 샀기 때문에 초청에 응할 수 없다고 하였습니다. 물론 인간에게 땅이 중요합니다. 인간은 땅이 없으면 살 수 없습니다. 땅이란 인간에게 있어서 삶의 바탕이라고 해도 과언이 아닙니다. 신혼부부에게 있어서 제일 목표는 당연히 내 집 마련의 꿈입니다. 평균적으로 신혼부부가 내 집을 마련하는 기간은 평균 10년 안팎이라고 합니다. 왜 집에 대한 집착이 이렇듯 강한 것일까요? 그것은 집이 내 삶에 있어서 가장 기본바탕이라고 생각하기 때문입니다. 이 사람은 그 소중한 땅을 샀으니 얼마나 기쁘고 행복했겠습니까? 그런 점에서 첫 번째 사람의 핑계는 일면 타당할 수 있습니다.

두 번째 사람의 경우는 소를 샀기 때문에 잔치에 참여할 수 없다고 했습니다. 우리가 소에 대해서 생각해 보면 사람은 땅이 없어도 살 수 없지만, 소가 없어도 인간은 살 수 없습니다. 인간은 원래 도구를 사용하는 동물입니다. 인간의 능력이 엄청나다고 하지만 맨손과 맨 발만 가지고는 살 수 없는 것이 인간입니다. 그런 의미에서 소는 불가결의 도구입니다. 인간의 땅이 넓어지면 넓어질수록 인간은 많은 소를 필요로 하게 됩니다. 그래서 인간이 도구적 인간 즉 호모 화브르homo fabre가 되는 이유입니다.

인간의 도구는 실로 눈부실 정도로 발전하고 있습니다. 비행기와 자동차가 인간의 손과 발이 되었습니다. 컴퓨터가 인간의 능력을 대행하고 있습니다. 이제는 누구의 소가 더 성능이 좋으냐에 따라서 성패가 좌우되는 세상을 우리는 살고 있습니다. 이 사람의 경우 소를 다섯 겨리나 사서 그 성능을 시험해 본다고 하니 얼마나 중요한 일이겠습니까? 그러므로 두 번째 사람의 핑계도 충분히 이해가 됩니다.

마지막으로 세 번째 사람의 핑계는 장가를 들었기 때문에 잔치에 참여할 수 없다는 것이었습니다. 그렇습니다. 인간은 결혼을 통해서 가정을 이루게 되고, 또한 그 가정을 통해서 생의 즐거움을 누리게 됩니다. 그리고 문화를 통해서 여러 가지 문명의 혜택을 받고 누리며 살게 됩니다. 사람이 땅만 넓게 가졌다고 살 수 있는 것은 아닙니다. 그 다음에는 소가 있어야 합니다. 그러나 소만 있다고 살 수 있는 것이 아닙니다. 인간에게는 누리며 살 수 있는 가정과 문화가 필요합니다. 그래서 인간은 맨 처음에 땅을 사게 되고, 그 다음은 소를 사게 되며, 마지막은 결혼을 통해 가정을 이루게 됩니다. 이것은 인간의 기본적인 필요충분조건이라고 할 수 있습니다.

그런데 이 세 사람이 착각하고 있는 것이 있었습니다. 이러한 필수적인 요소들은 하나같이 비본질적인 것들이라는 사실입니다. 이들이 추구하는 것들은 내 노력의 산물이 아니라 주어지는 것임을 저들은 몰랐습니다. 비본질적인 것들은 항상 본질적인 것으로부터 주어지게 되는 것이 진리입니다. 그러므로 지혜로운 사람은 언제나 본질을 추구합니다.

예수님께서 말씀하시는 본질적인 것은 무엇일까요? 그것은 본문에서 잔칫집으로 비유되고 있는 천국입니다. 천국은 모든 인간의 절대가치입니다. 그러므로 천국을 소유한 자는 전부를 얻은 것입니다. 자기 소유를 다 팔아 값진 진주를 사는 결단과 지혜가 필요합니다.

3. 비본질에서 본질로

본문 17절에서 천국은 모든 것이 준비되어 있는 곳이라고 정의하고 있습니다. 물론 세 사람이 최고의 가치로 여기고 있는 땅도, 소도, 가정의 복도 천국의 '모든 것' 안에 포함되어 있습니다. 그러므로 천국을 소유한 사람은 전부를 얻은 것입니다.

솔로몬이 왕이 되었을 때 그가 제일 먼저 한 일은 기브온 산당에 올라가 하나님께 일천번제를 드리는 일이었습니다. 그날 밤 하나님은 솔로몬에게 나타나셔서 "내가 네게 무엇을 주랴. 너는 구하라."(대하 1:7)고 하셨습니다. 이 때 솔로몬이 구한 것을 우리는 주목해 보아야 합니다.

솔로몬은 지혜와 지식을 달라고 간구했습니다. 성경은 지혜와 지식의 근본은 하나님이라고 말씀합니다(잠 1:7;9:10). 그러므로 솔로몬은 하나님을 구한 것이었습니다. 즉 본질을 구한 것입니다. 이런 솔로몬에게 주시는 하나님의 응답은 의미심장합니다.

"(11)하나님이 솔로몬에게 이르시되 이런 마음이 네게 있어서 부나 재물이

나 영광이나 원수의 생명 멸하기를 구하지 아니하며 장수도 구하지 아니하

고 오직 내가 네게 다스리게 한 내 백성을 재판하기 위하여 지혜와 지식을

구하였으니 (12)그러므로 내가 네게 지혜와 지식을 주고 부와 재물과 영광

도 주리니 네 전의 왕들도 이런 일이 없었거니와 네 후에도 이런 일이 없으

리라 하시니라"(대하 1:11,12)

우리가 관심을 갖고 있는 부나 재물이나 영광이나 원수 갚는 일
이나 장수와 같은 것들은 비본질적인 것들입니다. 그런데 솔로몬이
본질을 구했을 때 이런 비본질적인 것들은 부수적으로 주어졌다는
사실입니다. 이것이 하나님께서 우리 인간에게 복을 주시는 원리입
니다. 예수님은 말씀하셨습니다.

"그런즉 너희는 먼저 그의 나라와 그의 의를 구하라 그리하면 이 모든 것을

너희에게 더하시리라"(마 6:33)

그의 나라와 의를 구하는 것이 먼저라고 말씀합니다. 그것
이 본질이기 때문입니다. 그리하면 모든 것을 주신다고 했습니
다. 1912년 타이타닉호가 침몰했을 때 거기서 살아나온 '퓨천'A. H.
Peuchen 소령은 배에서 뛰어내릴 때 객실 금고에 3백만 달러어치의
보화가 있었으나 책상 위에 있던 오렌지 3개만을 가지고 나왔다고

합니다. 마를린 먼로는 이런 이야기를 했다고 합니다. '나는 한 여성이 지닐 수 있는 모든 것을 가졌습니다. 나는 젊습니다. 나는 아름답습니다. 나는 돈이 많습니다. 나는 사랑에 굶주리지 않습니다. 하루에도 수백 통의 팬레터를 받고 있습니다. 나는 건강하고 부족한 것이 아무 것도 없습니다. 미래에도 이렇게 살 수 있습니다. 그런데 웬일일까요? 나는 이렇게도 공허하고 이렇게도 불행합니다. 이유 없는 반항이라는 말도 있지만 나는 이유 없이 불행합니다.'

　오래 전, 미국의 '크리스천 센추리ᴄʰʳⁱˢᵗⁱᵃⁿ ᶜᵉⁿᵗᵘʳʸ'라는 잡지에 실린 기사 중에서 '뒤틀린 가치관'이라는 제목으로 다음과 같은 기사가 있었습니다. 지금은 고인이 되었지만 그 당시 미국에서 거의 우상화 되다시피 했던 유명한 가수 엘비스 프레슬리가 한 시간 노래를 하면 그에게 지불되는 대가가 우주 중계료를 포함하여 12만 5천 달러였다고 합니다. 이 금액이 얼마나 대단한 것인지는 다른 것과 비교를 해 보면 금방 알 수 있습니다. 그가 한 시간에 번 돈은 미국 대통령 1년 월급에 해당하는 것이고, 미국 대법원장 연봉의 3배, 그리고 미국 초등학교 교사 연봉의 25배가 되는 액수였습니다. 또한 대학생 125명이 등록할 수 있는 액수에 해당되며, 3천명의 피난민을 구제할 수 있는 액수였다고 합니다. 그러면서 그 기사는 가치관이 전도된 이 세상을 경고했습니다. 이런 점에서 솔로몬도 모든 것을 다 누려본 사람입니다. 때문에 그의 고백은 설득력이 있습니다.

"(10)무엇이든지 내 눈이 원하는 것을 내가 금하지 아니하며 무엇이든지 내 마음이 즐거워하는 것을 내가 막지 아니하였으니 이는 나의 모든 수고를 내 마음이 기뻐하였음이라 이것이 나의 모든 수고로 말미암아 얻은 몫이로다. (11)그 후에 내가 생각해 본즉 내 손으로 한 모든 일과 내가 수고한 모든 것이 다 헛되어 바람을 잡는 것이며 해 아래에서 무익한 것이로다."(전 2:10,11)

그러므로 성경은 우리에게 땅을 소유하지 말라고 말씀하시지 않습니다. 다만 천국부터 소유하라고 말씀합니다. 소를 사지 말라는 것이 아닙니다. 천국이 없는 물질은 아무 가치가 없다고 말씀합니다. 사도 바울도 본질을 안 후 비본질적인 것들을 배설물처럼 버렸다고 고백했습니다.

미국의 로저 밥슨 기자가 아르헨티나의 한 정치 지도자를 만났습니다. 그 지도자는 국민들로부터 가장 추앙받는 사람 중에 한 명이었습니다. 그는 밥슨 기자에게 한 가지 질문을 던졌습니다. "유럽의 백인들이 먼저 정착한 곳은 북미가 아니라 남미였습니다. 지하자원이나 기후도 북미에 비해 결코 부족하지 않습니다. 그럼에도 왜 북미가 남미보다 잘 살게 되었다고 생각하십니까?" 밥슨 기자는 대답을 할 수 없었습니다. 그때 그 지도자는 웃으며 이렇게 설명을 해 주었습니다. "분명한 이유가 있습니다. 남미는 스페인 사람들이 황금을 구하러 찾아온 땅입니다. 그러나 북미는 영국의 청교도들이 신앙을 위해 찾아온 땅입니다. 여기에 근본적인 차이가 있습니다."

이것은 인생과 가정도 마찬가지입니다. '무엇을 위해 사는가?'라는 질문에 우리는 제대로 대답할 수 있어야 합니다. 오늘도 하나님의 천국 초청장은 계속 발송되고 있습니다. 우리의 결단과 용기만 남아 있을 뿐입니다.

4

열등감에서
자존감으로

"³⁷또 다윗이 이르되 여호와께서 나를 사자의 발톱과 곰의 발톱에서 건져내셨은 즉 나를 이 블레셋 사람의 손에서도 건져내시리이다 사울이 다윗에게 이르되 가라 여호와께서 너와 함께 계시기를 원하노라 ³⁸이에 사울이 자기 군복을 다윗에게 입히고 놋 투구를 그의 머리에 씌우고 또 그에게 갑옷을 입히매 ³⁹다윗이 칼을 군복 위에 차고는 익숙하지 못하므로 시험적으로 걸어 보다가 사울에게 말하되 익숙하지 못하니 이것을 입고 가지 못하겠나이다 하고 곧 벗고 ⁴⁰손에 막대기를 가지고 시내에서 매끄러운 돌 다섯을 골라서 자기 목자의 제구 곧 주머니에 넣고 손에 물매를 가지고 블레셋 사람에게로 나아가니라"(삼상 17:37~40)

사람은 누구에게나 자기 얼굴이 있습니다. 'persona'는 그리스 어원의 '가면'을 나타내는 말로서 '외적 인격' 또는 '가면을 쓴 인격'을 뜻한다고 할 수 있습니다. 여기에서 'person'인간이란 영어 단어가 생겼습니다. 어떤 의미에서 인간이란 가면을 쓴 존재라고 할 수 있습니다. 스위스의 심리학자이자 정신과 의사인 칼 구스타프 융Carl Gustav Jung은 사람의 마음은 의식과 무의식으로 이루어지며 여기서 그림자shadow와 같은 페르소나는 무의식의 열등한 인격이며 자아의 어두운 면이라고 말했습니다.

사람이 아침에 일어나 제일 먼저 하는 일이 있다면 거울 앞에 서는 일입니다. 거울에 비친 자신의 얼굴을 보며 만족하기도 하지만 실망할 때도 있습니다. 그 후속조치로 화장을 하기도 하고 더 나아가 성형수술까지 하게 됩니다. 이렇게 만들어진 얼굴은 또 하나의 가면persona일 수 있습니다. 요즈음은 성형수술이 일반화되어 있습니다. 강남에 가 보면 한 집 건너 성형외과병원이 즐비해 있는 모습을 볼 수 있습니다. 그 만큼 수요가 있다는 증거입니다. 그런데 놀라운 사실은 성형수술을 받은 사람들이 얼굴을 고침으로 말미암아 새로운 인생의 문이 열렸다고 경험담을 이야기합니다. 얼굴이 달라지니 마음도 달라지고, 자신감도 생기고, 생각도 달라졌다고 합니다. 이런 사람은 성형수술을 잘 한 것입니다. 그런데 많은 사람의 경우 얼굴을 고쳤지만 여전히 불만을 갖고 있다고 합니다.

사람에게는 두 개의 얼굴이 있습니다. 하나는 외형적인 얼굴이고, 다른 하나는 내적인 얼굴입니다. 내적인 얼굴을 바꾸지 않는 한 외모를 아무리 바꾼다고 해도 만족은 주어지지 않습니다. 이 내적 얼굴을 가리켜 자화상이라고 합니다. 그런데 대부분의 사람들이 자기 자화상에 대해서 만족을 하지 못하고 있습니다. 사람은 자화상이 건강해야 합니다. 자화상이 건강하지 못할 때 낮은 자존감Low self-esteem, 즉 열등감에 사로잡히게 됩니다. 열등감은 하나님의 일을 하는 사람에게 있어서 가장 큰 핸디캡입니다. 사탄이 하나님의 일을 방해하고자 할 때 열등감을 주어 방해한다는 것을 잊지 말아야 합니다.

본문에서 우리는 열등감에 사로잡힌 사람들의 모습을 발견하게 됩니다. 이스라엘에 전쟁이 일어났습니다. 블레셋이라는 나라가 골리앗 장군을 앞세우고 쳐들어 온 것입니다. 위풍당당한 거인 골리앗 앞에 이스라엘은 숨도 제대로 쉬지 못하고 숨어 있어야 했습니다. 결국 사울 왕이 자기의 딸까지 내놓으며 골리앗을 무찌를 사람을 찾았지만 어느 한 사람도 나서는 사람이 없었습니다.

이 때 아버지의 심부름으로 군대에 있는 형들을 면회하기 위해서 전쟁터에 왔던 다윗이 절망에 빠져 있는 군인들을 보며 골리앗 앞에 나서기로 결심을 합니다. 형들은 다윗의 이러한 모습을 심하게 꾸짖었습니다. 전쟁을 양치는 것처럼 쉽게 생각하지 말라고 합니다. 집으로 돌아가 아버지의 양을 돌보라고 책망을 합니다.

이 소식을 들은 사울 왕은 다윗을 부르게 됩니다. 사울도 소년 다윗을 바라보면서 어이가 없었습니다. 하지만 확신에 찬 다윗을 더 이상 말릴 수가 없었습니다. 사울 왕은 자신의 갑옷과 투구와 칼을 다윗에게 주면서 싸워보라고 하였습니다. 왕의 무기이니만큼 얼마나 좋았겠습니까? 그러나 다윗에게는 너무 무겁고 거추장스러울 뿐이었습니다. 결국 다윗은 왕의 무기를 벗어던지고 평소에 자기가 입었던 옷으로 갈아입고, 돌 다섯 개와 물매만을 가지고 골리앗 앞에 당당히 나가 승리하게 됩니다.

열등감은 평소에 자기 얼굴을 드러내지 않습니다. 자기보다 약하다고 판단이 되는 상대방 앞에서는 폭군의 얼굴을 가지기도 합니다. 그래서 사람들은 그들을 용감한 사람으로 착각을 합니다. 그 가면 앞에서 사람들은 속게 됩니다. 하지만 골리앗 앞에 서게 되면 자기의 숨겨진 얼굴을 드러냅니다. 심리학자 칼 융Carl Jung이 말했던 그림자와 같은 열등의식이 표출됩니다. 사울 왕, 이스라엘 군대, 다윗의 형들이 그러한 사람들이었습니다.

다윗이 승리할 수 있었던 것은 그에게 누구도 감당할 수 없는 거룩한 자존감이 있었기 때문입니다. 그 자존감은 만군의 여호와의 함께 하심을 확신할 때 생기게 됩니다. 이 자존감을 가진 사람은 자기의 소유 전체가 무기가 될 수 있습니다. 그러나 열등감에 사로잡힌 사람에게는 사울 왕의 갑옷을 입히고, 칼을 손에 쥐어 주어도 절대로 이길 수 없습니다. 다윗이 승리한 것은 사울 왕의 갑옷과 칼 때문이 아니었습니다. 다윗은 자기가 가지고 있었던 것으로 승리를 했습니다.

우리는 종종 자신에게 무기가 없음을 한탄할 때가 많습니다. 그래서 골리앗을 이길 수 없다고 변명을 합니다. 물론 무기를 많이 소유하면 남보다 더 유리한 인생을 살 수 있는 것은 사실입니다. 그러나 다른 사람보다 50미터를 앞서서 뛰어간다고 해서 승리가 주어진다는 보장은 없습니다. 열등감을 가진 사람에게 사울 왕의 갑옷은 절대로 무기가 되지 못합니다. 진정한 승리는 내게 있는 것으로 하는 것입니다. 야구를 할 때도 내 손에 꼭 맞는 글러브가 가장 좋은 것이고, 내 입에 맞는 음식이 나를 즐겁게 하는 것이고, 내 몸에 꼭 맞는 옷이 나를 멋지게 만드는 것입니다.

만약 승리를 원한다면 사울 왕의 갑옷을 벗고 내 옷으로 갈아입어야 합니다. 내 옷에 대한 자존감을 회복해야 승리할 수 있습니다. 내 언어를 찾아야 하고, 내 현주소를 파악해야 하고, 나의 개성을 찾아야 합니다. 다른 사람과 자꾸 비교를 하며 자기에게 없는 것만을 한탄한다면 열등의식에 사로잡혀 있다는 증거입니다. 이 세상에서 가장 귀하고 능력 있는 무기는 지금까지 내가 사용하고 있는 것들 중에 있습니다. 우리에게는 너무 아름다운 것들이 많습니다. 그러나 그것이 하나님의 선물인지 우리는 모르고 살았습니다. 설악산 밑에 살고 있는 사람은 설악산이 세계적인 산이라는 것을 모르고 산다고 합니다. 세계적인 설교가 스펄전 목사는 "콩을 먹고 사는 비둘기가 고기를 먹는 독수리를 부러워하는 일이 없고, 푸른 초장에서 풀을 뜯는 양떼가 짐승을 잡아먹는 사자를 부러워하지 않는다. 왜냐하면 먹는 양식이 다르고 사는 세계가 다르기 때문이다."라고 했습니다. 내가 지금 불편 없이 누리고 있는 것들은 결코 평범한 것이 아니라 비범한 것들입니다. 그것이 내 인생에 있어서 최고의 무기입니다.

하나님께서 우리를 사용하실 때 꼭 확인하시는 것이 있습니다. "네게 있는 것이 무엇이냐?"를 질문하십니다. 이 질문은 모세를 부르실 때도 물으셨습니다.

"여호와께서 그에게 이르시되 네 손에 있는 것이 무엇이냐 그가 이르되 지팡이니이다"(출 4:2)

하나님은 모세에게 어떤 신무기를 손에 쥐어주시지 않았습니다. 모세가 수 십 년 동안 양을 치며 손에 익었던 그 지팡이를 손에 들라고 하셨습니다. 다윗도 평소에 자기가 양을 치며 편하게 입었던 옷, 그리고 평소에 맹수를 쫓을 때 던졌던 물맷돌이 가장 훌륭한 무기였습니다. 예수님께서 오병이어의 기적을 행하실 때에도 똑같은 질문을 하셨습니다.

"(5)예수께서 눈을 들어 큰 무리가 자기에게로 오는 것을 보시고 빌립에게 이르시되 우리가 어디서 떡을 사서 이 사람들을 먹이겠느냐 하시니 (9)여기 한 아이가 있어 보리떡 다섯 개와 물고기 두 마리를 가지고 있나이다 그러나 그것이 이 많은 사람에게 얼마나 되겠사옵나이까"(요 6:5,9)

예수님은 다른 곳에 가서 놀라운 것을 구해오라고 하시지 않았습니다. 너희 가운데 있는 것을 가지고 오라고 하셨습니다. 가끔 저에게 상담하러 오시는 분들이 있습니다. 그런데 공통적인 특징이 있습니다. 그것은 없는 것을 가지고 절망을 한다는 사실입니다. 그런데 그 사람을 가만히 보면 돈만 없는 것이지 있는 것이 더 많았습니다. 건강도 있고, 예쁜 자녀들도 있고, 착하게 생긴 아내도 있습니다. 얼마든지 승리할 수 있는 여건이 있었지만 열등감이 자기 자신을 스스로 초라하게 만들고 있었습니다.

마가복음 10장에 보면 여리고라는 마을에 살고 있었던 바디매오라는 맹인을 소개하고 있습니다. 그는 거지였습니다. 절망적인 사람입니다. 하지만 그에게는 성한 곳도 많았습니다. 귀는 온전했기 때문에 모든 소리를 잘 들을 수 있었습니다. 또 입도 온전했기 때문에 부르짖을 수도 있었습니다. 뿐만 아니라 손과 발도 멀쩡했기에 뛰어다닐 수도 있었습니다. 단지 눈 하나만 없었을 뿐입니다. 그런데 바디매오는 자기에게서 성한 지체를 이용하여 눈을 뜨는 기적을 일으켰습니다.

사도 바울은 우리가 아는 대로 신체적 열등감이 많은 사람이었습니다. 그의 몸에는 찌르는 가시로 표현이 될 정도로 심한 고질병을 갖고 있었습니다. 또 시력이 약했고, 말도 어눌했습니다. 이런 사람의 특징은 신체적 약점 때문에 심각한 트라우마가 있다는 것입니다. 그러나 바울에게는 어떤 열등감도 없었습니다. 하나님은 바울의 약점을 아시고 부족한 부분을 보완해 주셨습니다. 몸이 병약하기에 의사인 누가를 대동시켜 주셨습니다. 말이 어눌하고 시력이 약하기에 대필자를 주셔서 글을 많이 쓰게 하셨습니다. 그가 쓴 편지 13편이 성경에 들어오게 되었습니다. 만약 바울이 청산유수처럼 말을 잘 했다면 그는 글을 쓰기보다 말을 더 많이 했을 것입니다. 그러나 말은 사라지지만 그가 남긴 글은 2천년을 내려오면서, 아니 주님이 오실 때까지 수많은 사람들에게 감동을 주며 변화를 일으키며 교회를 세워가는 능력의 메시지로 남게 될 것입니다. 나에게 없다고 하여 열등의식을 가질 이유는 없습니다. 왜냐하면 또 다른 무기가 나에게 있기 때문입니다.

그러므로 우리는 하나님 앞에서 자존감을 회복해야 합니다. 하나님은 나를 당신의 최고의 걸작품으로 만드셨습니다. 그런데 열등감에 사로잡혀 있다는 것 자체가 부끄러운 죄입니다. 잘 난 것에는 하나님께서는 손을 대지 않으십니다. 우리 몸에도 병든 곳에 손을 대시지 건강한 몸에는 손을 대시지 않습니다. 그래서 바울도 자신의 약한 것을 자랑한다고 했고, 자신이 약할 때 하나님의 은혜가 더 강하다고 고백했습니다(고후 12:9,10).

지금 여러분이 가지고 있는 것들이 최고입니다. 그것이 최고의 능력입니다. 그것이 나의 무기입니다. 그것이 나의 자존감입니다. 승리하는 역사가 있기를 바랍니다.

얕은 곳에서
깊은 곳으로

누가복음 5장 1~11절

"⁴말씀을 마치시고 시몬에게 이르시되 깊은 데로 가서 그물을 내려 고기를 잡으라 ⁵시몬이 대답하여 이르되 선생님 우리들이 밤이 새도록 수고하였으되 잡은 것이 없지마는 말씀에 의지하여 내가 그물을 내리리이다 하고 ⁶그렇게 하니 고기를 잡은 것이 심히 많아 그물이 찢어지는지라"(눅 5:4~6)

우리가 살아가면서 가장 힘이 빠지고 허무감을 느낄 때가 있다고 한다면 헛수고를 할 때라고 생각이 됩니다. 수고한 만큼의 상당한 결과가 주어지게 될 때 사람은 성취감을 갖게 되고 행복해집니다. 또한 이러한 사회적 가치가 조성이 될 때 건전한 사회라고 할 수 있으며 백성들은 안심을 하게 됩니다. 그러나 우리의 현실은 그렇지 못합니다. 열심히 공부하고 땀을 흘린 것만큼 보상이 주어지지 않습니다. 그 대표적인 것이 청년 실업문제입니다. 아무리 수고를 해도 소용이 없다는 비관사상을 사람들이 갖게 되면 제일 먼저 꿈을 잃어버리게 됩니다. 그 결과 요행을 추구하게 되고 대박을 꿈꾸는 한탕주의 문화가 형성이 됩니다.

헛수고의 현장을 본문에서도 발견할 수 있습니다. 시몬 베드로가 밤이 새도록 그물을 던지는 수고를 하였지만 한 마리의 고기도 잡지 못했다고 예수님께 고백하고 있습니다. 세상에 어느 누가 고기 한 마리를 잡기 위해서 밤새도록 그물을 던질 수 있겠습니까?

그 만큼 시몬 베드로의 상황이 절박했음을 짐작하게 합니다. 이것을 보면 인생이란 열심히 그물만 던진다고 해서 만사가 해결되는 것은 아니라는 것을 알 수 있습니다. 또한 기술이 있다고 해서 모든 문제가 풀리는 것도 아닙니다. 시몬 베드로로 말하면 갈릴리에서 태어나 그물을 던지는 기술에 대해서는 달인의 경지에 오른 사람이라고 해도 과언이 아닙니다.

그런데 예수님께서 헛수고의 현장을 친히 찾아가셨습니다. 이른 아침부터 수많은 군중이 예수님을 따라와 말씀 듣기를 원했습니다. 그 때 시몬 베드로는 밤새도록 던졌던 그물을 정리하고 집으로 돌아가고자 준비하고 있었습니다. 예수님은 바로 이 시몬 베드로의 배에 올라타셔서 바닷가에 앉아 있는 군중들에게 말씀을 전하셨습니다. 가르침을 마치신 후 예수님은 시몬 베드로에게 말씀하셨습니다. "깊은 데로 가서 그물을 내려 고기를 잡으라." 이것은 이미 예수님께서 시몬 베드로의 헛수고의 아픔을 다 알고 계셨다는 것을 반증합니다. 이 때 시몬 베드로는 "말씀에 의지하여 내가 그물을 내리리이다."하고 깊은 곳에 가서 그물을 던졌을 때에 그물이 찢어질 정도로 많은 고기를 잡았던 것입니다.

예수님께서 '깊은 데로 가서 그물을 던지라'고 하셨다는 것은 그동안 시몬 베드로는 얕은 곳에서만 그물을 던졌음을 알 수 있습니다. 이것은 시몬 베드로 뿐만 아니라 대부분의 사람들이 추구하는 가치관일 수 있습니다. 사람들이 '얕음'을 추구하는 몇 가지 이유가 있습니다. 첫째는 전통에 너무 익숙해 있었기 때문입니다. 얕은 곳에 그물을 던져야 한다는 오래된 관습을 시몬 베드로는 아무 이유 없이 신념화하고 있었습니다. 또한 그것이 시몬 베드로에게는 의심의 여지가 없는 상식이었습니다. 때문에 시몬 베드로는 '깊음'을 한 번도 생각해 보지 않았을 지도 모릅니다. 오래된 전통이나 관습이 전혀 잘못된 것은 아닙니다. 그러나 진리는 아닙니다. 그러므로 관습이나 전통에 나의 사고방식이 함몰되어 있으면 진정으로 보아야 할 진리를 보지 못할 때가 있습니다.

남아메리카에 살고 있는 부족 중에 30세를 넘지 못하고 죽는, 수명이 짧은 부족이 있다고 합니다. 그래서 과학자들이 많은 연구를 했더니 그 부락에 돌로 쌓은 울타리에서 이상한 벌레가 번식하고 있는 것을 발견하게 되었습니다. 이 벌레는 인체에 해를 끼치는 맹독을 품고 있었습니다. 그래서 과학자들이 그 부족 사람들에게 세 가지를 충고했습니다. "첫째, 살충제를 뿌려서 벌레를 죽여라. 둘째, 이 토담을 헐어버려라. 셋째, 가능하면 다른 곳으로 이주하라." 그런데 그 부족들은 "우리 조상들이 지금까지 살아온 이곳을 우리는 벗어날 수는 없다."라고 하면서 충고를 듣지 않았다고 합니다. 그러면서 그들은 지금도 30세를 넘기지 못하는 부족으로 살아가고 있습니다. 이렇게 잘못된 전통이나 관습이 우리의 삶을 황폐하게 만드는 것입니다.

둘째로, 얕은 곳이 너무 편하기 때문입니다. 옛말에 땅 짚고 헤엄치기라는 말이 있습니다. 얕은 곳에서는 엄청나게 난이도가 높은 기술이 필요하지 않습니다. 모험을 걸어야 할 필요도 없습니다. 지금까지 내가 했던 기술대로 그물을 던지면 되는 것입니다. 그래서 얕은 곳은 사람들에게 항상 인기가 있습니다. 적당히 수입도 올릴 수 있지만, 한 마리의 고기를 잡지 못한다고 해서 완전히 망하는 것도 아니기 때문입니다. 그러므로 '얕음'을 추구하는 사람들은 절대로 '깊음'을 추구할 수 없습니다.

셋째로, 깊은 곳에 대한 두려움 때문입니다. 깊은 곳에는 큰 고기도 있지만 큰 풍랑도 있습니다. 그러므로 모험을 하지 않으면 깊은 곳으로는 갈 수 없습니다. 잘못하면 완전히 망할 수도 있습니다. 때로는 죽음을 각오해야 합니다. 사람들이 깊은 곳을 외면하는 것은 바로 이런 이유들 때문입니다.

예수님은 밤새도록 헛수고를 하고 실의에 빠진 시몬 베드로에게 말씀하셨습니다. "깊은 데로 가서 그물을 내려 고기를 잡으라!" 왜 예수님은 시몬 베드로에게 깊은 곳으로 가라고 하셨을까요? 우리는 예수님께서 말씀하신 "깊은 곳"의 의미를 깊이 생각해 보아야 합니다.

첫째로, '깊은 곳'에는 얕은 곳에서 존재하지 않는 엄청난 또 다른 세계가 있습니다. 옛날에 필리핀에 가서 스노클링을 한 적이 있었습니다. 깊은 바다 속에 펼쳐지는 아름다운 세계를 처음 경험해 보며 충격을 받은 적이 있었습니다. 뿐만 아니라 깊은 곳에 가야 큰 물고기를 잡을 수 있기 때문입니다. 얕은 곳에서는 고래가 없습니다. 큰 물고기를 잡기 위해서는 원양어선을 타고 태평양으로 가야 합니다.

우리가 추구하는 영적 세계는 깊은 바다와 같습니다. 진리의 세계는 무한히 깊기 때문에 얕은 물가에 머물러 있는 상태에서는 진리를 깨달을 수 없습니다. 깊은 곳! 거기가 신앙의 세계요, 3차원의 세계요, 영적인 세계입니다. 가끔 이런 소리를 들을 때가 있습니다. 자기 아내가 교회에 열심히 다니면 남편이 이렇게 제동을 겁니다. "너, 교회에 다니는 것 말리지는 않겠는데 미치지는 말어!" 그런가 하면 반대로 신앙생활에 열심을 내는 남편을 보고 아내가 걱정을 합니다. "신학교에 간다고 할까봐 겁나요." 또 어떤 사람은 자기 스스로에게 말을 합니다. "내가 미치면 안 되는데…" 얼마나 많은 사람들이 세상적인 것에 미쳐서 사는지 모릅니다. 그럼에도 예수님께 미치는 것이 겁이 난다면 영적인 큰 체험을 절대로 할 수 없습니다.

이왕 신앙생활을 하려면 송사리나 건지는 나약한 신앙생활이 아니라 큰 물고기를 잡는 신앙생활을 해야 합니다.

두 번째로 '깊은 곳'은 자기의 존재 근거가 인정되지 않는 곳입니다. 깊은 곳에는 발이 땅에 닿지 않습니다. 사람들은 자기가 할 수 있는 것들을 이용하여 무엇인가 문제를 해결하려고 합니다. 자기의 지식, 경험, 배경, 철학, 고집 등을 이용해서 일어서 보려고 합니다. 그러나 깊은 곳에서는 이런 것들이 무용지물입니다.

수영을 배우는 데 있어서 가장 기본 첫 걸음은 몸을 물에서 뜨게 하는 일입니다. 그런데 수영을 처음 배우는 사람들이 자기 몸을 띄우기 위해서 얼마나 몸부림을 치는지 모릅니다. 그런데 아이러니컬한 것은 몸부림을 치면 칠수록 몸은 더 물속으로 가라앉게 됩니다. 의외로 몸을 띄우는 방법은 간단합니다. 머리를 물속에 집어넣고, 몸의 힘을 다 빼고, 몸 전체를 물에 맡겨버리면 저절로 몸이 뜨게 되어 있습니다. 내가 물을 이기려고 하면 물은 나를 삼켜버립니다. 하지만 내 전체를 물에 맡겨버리면 물은 나를 보호해 줍니다.

기술을 갖고 있다고 해서 무조건 고기가 잡히는 것은 아닙니다. 베드로가 고기 잡는 기술이 없어서 고기를 못 잡은 것이 아닙니다. 그런데 깊은 곳에서는 이와 같은 손재주가 통하지 않는다는 사실입니다. 솔직히 물속에 헤엄쳐 다니고 있는 고기가 우리 눈에 보이는 것은 아닙니다. 그러므로 우리가 할 수 있는 일은 단순히 기대감만 갖고 그물을 던질 뿐입니다. 이 모든 인간의 수단과 방법을 내려놓아야 하는 곳이 깊은 곳입니다. 깊은 곳에서는 교만이 통하지 않습니다. 어깨에 힘을 주면 안 됩니다. 진정으로 자기에게 디딜만한 디딤돌이 없을 때 비로소 사람은 하나님을 찾게 되며, 신령한 큰 물고기를 잡을 수 있게 됩니다.

니느웨로 가라는 하나님의 명령을 어기고 다시스로 가는 배를 타고 도망가는 요나를 생각해 보십시오. 그에게는 아직 교만이 살아 있었습니다. 하나님을 등지고도 얼마든지 도망을 가서 살 수 있을 것이라고 생각을 했습니다. 조그마한 배를 타고 거기에 자기의 몸을 의탁하고 숨어있는 요나를 생각해 보십시오. 이것이 인간이 하나님 앞에서 살아가는 모습입니다. 하나님은 요나 앞에서 풍랑을 일으키셨습니다. 결국 요나는 깊은 바다 속으로 빠지게 되었습니다. 거기는 아무리 발버둥을 쳐보아도 디딜만한 곳이 없었습니다. 거기서 요나가 깨지게 됩니다. 그 깊은 바다 속에서 요나는 자기 인생에 있어서 가장 진실한 기도를 하나님께 할 수 있었습니다. 정말로 깊은 곳이 아니면 체험할 수 없는 영적 체험을 요나는 거기서 할 수 있었습니다.

변두리에서 중심으로

이제 얕은 물가에서 맴돌지 말고 깊은 영적인 세계로 들어가려는 결단이 있어야 합니다. 얕은 곳은 많은 사람들이 발을 담그고 있기 때문에 곧잘 진흙탕이 됩니다. 거기에서는 신령한 진리를 낚을 수 없습니다. 깊은 곳에만 하나님의 임재를 체험할 수 있습니다. 깊은 그 곳에서 하나님을 진정으로 만날 수 있습니다. 그리고 세상에서 맛보지 못했던 큰 물고기를 그 곳에서 잡는 은혜가 있어야 합니다. 이것이 신앙생활을 하는 사람의 행복입니다.

셋째로, '깊은 곳'은 복종의 자리입니다. 시몬 베드로와 다른 어부들은 적어도 바닷가에서 잔뼈가 굵은 사람들이었습니다. 그들에게는 이미 많은 경험과 바다에 대한 지식도 가지고 있었습니다. 그러므로 바다에 대한 경험이 전혀 없는 예수님의 말씀에 순종해야 할 아무런 이유가 없었습니다. 그럼에도 불구하고 "선생님, 우리들이 밤이 새도록 수고하였으되 잡은 것이 없지마는 말씀에 의지하여 내가 그물을 내리리이다"하고 깊은 곳으로 갔다는 사실은 놀라울 뿐입니다.

깊은 곳에서는 인간의 지식과 상식과 경험이 절대로 통하지 않습니다. 그러므로 예수님의 말씀에 대한 복종만 있을 뿐입니다. 얕은 물가에서는 깊은 물속의 형편을 알 수 없습니다. 그러나 말씀에 복종을 하면 알 수 있습니다. 예수님의 말씀 속에는 내가 원하는 모든 것이 들어 있습니다. 내가 그렇게 잡고자 하는 물고기도 주님의 말씀 속에 있습니다. 물고기가 깊은 물속에 있는 것 같지만 실제로는 주님의 말씀 속에 있는 것입니다. 어떤 권세 있는 대통령이 깊은 곳으로 가서 그물을 던지라고 명령했다고 해서 그 곳에서 고기가 잡히는 것이 아닙니다. 예수님의 말씀이어야 합니다. 그러므로 '말씀에 의지하여 그물을 내리리이다'라는 결단이 필요합니다. 인간의 상식과 경험과 지식을 가지고 잡을 수 있는 물고기는 그렇게 대단한 것들이 없습니다. 그러나 우리 주님이 "깊은 곳으로 가라"고 하셨을 때는 이미 큰 것을 예비해 놓으셨다는 믿음이 있어야 합니다. 그래야 복종할 수 있습니다.

시몬 베드로의 고깃배가 크면 얼마나 크겠습니까? 그러나 그 배 위에 우리 주님이 올라타셨을 때 그 배는 더 이상 작은 배가 아니었습니다. 조그만 고깃배가 하나님을 태운 것입니다. 앞으로 복종만 하면 이 배는 엄청나게 많은 고기를 낚아 올릴 수 있는 큰 배가 될 것입니다. 이제 우리의 인생의 배 위에 주님이 올라타셔야 합니다. 우리 주님이 나와 함께 하시면 결코 헛수고만 하는 작은 인생이 아니라는 사실을 잊지 말아야 합니다.

성경은 깊은 물에서 많은 물고기를 건진 사람들의 이야기로 가득합니다. 그들은 예외 없이 하나님의 말씀에 복종한 사람들이었습니다. 아브라함도 하나님의 말씀에 복종하며 고향을 떠났을 때 열

국의 아버지가 되었습니다. 나아만 장군은 요단강 깊은 곳에 들어
가 나병을 고칠 수 있었습니다. 오늘도 우리 주님은 더 이상 얕은
물가에서 맴돌지 말고 저 깊은 곳으로 가라고 명령하십니다. 우리
의 복종이 요구될 뿐입니다.

6.

지킴에서
나눔으로

누가복음 6장 38절

"주라 그리하면 너희에게 줄 것이니 곧 후히 되어 누르고 흔들어 넘치도록 하여 너희에게 안겨 주리라 너희가 헤아리는 그 헤아림으로 너희도 헤아림을 도로 받을 것이니라" (눅 6:38)

이 세상에는 원리가 있습니다. 무엇이든지 원리대로 해야 합니다. 원리는 하나의 법칙이기 때문에 법칙대로 해야 하는 것입니다. 심지어는 어떤 물건을 하나 사도 사용설명서가 있습니다. 그 사용법대로 해야만 합니다. 누구든지 법칙대로 하지 아니하면 큰 어려움을 당할 수밖에 없습니다. 이 원리는 인간이 만든 것이 아니라 하나님께서 이 우주를 창조하신 하나의 원칙이요, 조화요, 질서라고 할 수 있습니다. 그렇기 때문에 이 원리를 갖고 순리대로 하게 되면 만사가 자연스럽고 잘 풀려나가게 되어 있습니다. 그런데 이 원리를 떠나서 모든 일을 역리로 하게 되면 모든 일이 거북스러워지게 되고, 하는 일마다 막혀버리게 됩니다.

그리고 모든 일에는 우선순위가 있습니다. 우선순위도 하나의 원리요 질서라고 할 수 있습니다. 반드시 먼저 해야 할 일은 먼저 해야 하고, 나중에 해야 할 일은 나중에 해야 합니다. 주님은 기도를 가르쳐 주시면서 "뜻이 하늘에서 이룬 것같이 땅에서도 이루어지이다"라고 기도하라고 하셨습니다. 무엇이든지 하늘이 먼저입니다. 그리고 땅의 것은 결과로 주어지는 것입니다. 먼저 하늘에서 이루어져야 합니다. 그래야 땅에서도 이루어집니다. 먼저 하늘의 것을 풀어야 합니다. 그러면 땅의 것은 자연스럽게 풀어지게 되어 있습니다.

본문을 통해서 주님은 또 하나의 원리를 가르쳐 주시고 있습니다. 먼저 주라고 하십니다. 그리하면 하나님께서 우리에게 주신다는 말씀입니다. 이 말씀은 우리가 이 세상에서 하나님의 복을 받는 아주 중요한 원리라는 사실을 잊지 말아야 합니다. 오늘날 수많은 성도들이 하나님께 복을 받기 위하여, 혹은 은혜를 받기 위하여 열심히 부르짖고 있습니다. 그러나 결과가 신통치 않아 실망을 하는 것을 자주 보게 됩니다. 그 이유는 복을 받는 원리대로 하지 않았기 때문입니다. 먼저 해야 할 일을 건너뛰었기 때문입니다. 실제로 우리의 신앙생활을 보면 마치 문어발처럼 모든 것을 다 움켜쥐려고 합니다. 그러나 이런 행위는 하나님의 원리에 맞지 않습니다.

우리는 하나님께서 우리 인간을 어떻게 구원하셨는지 생각해 보아야 합니다. 물론 하나님께서는 전능하신 분이시기 때문에 말씀 한 마디로도 얼마든지 인간을 구원하실 수 있습니다. 그러나 하나님은 그런 방법을 사용하시지 아니하셨습니다. 이것은 하나님께서 은혜를 주시는 원리가 아니기 때문입니다. 하나님은 당신의 독생자 예수 그리스도를 먼저 우리에게 주심으로 하늘의 별과 같이 바다의 모래알 같이 셀 수 없는 당신의 자녀를 얻으셨습니다.

때문에 하나님은 가끔 우리에게 무엇인가 달라고 하실 때가 있습니다. 아브라함에게는 외아들 이삭을 달라고 하셨고, 사마리아 수가성 여인에게는 냉수 한 잔을 달라고 하셨습니다. 그리고 사르밧에 살고 있는 가난한 과부에게는 마지막 남은 떡 한 조각을 달라고 하셨습니다. 하나님께서 무엇이 가난하여 인색한 우리 인간에게 손을 내밀며 달라고 하시겠습니까? 하나님께서 우리에게 달라고 하시는 이유가 있습니다. 그것은 우리에게 무엇인가 주실 것이 있기 때문이라는 것을 눈치 채야 합니다. 그러므로 먼저 하나님께 드려야 합니다. 아브라함은 이삭을 먼저 드리고 열국의 아비가 되었습니다. 사마리아 수가성 여인은 냉수 한 그릇을 먼저 드리고 영원히 목마르지 않는 영생의 복을 얻게 되었습니다. 사르밧 과부는 마지막 음식을 먼저 드리고 가뭄이 끝날 때까지 그치지 않는 떡과 기름을 얻게 되었습니다.

모든 사람이 복 받기를 원하고 있습니다. 그러나 먼저 질문해야 할 것이 있습니다. 그것은 무엇이 복이냐 하는 문제입니다. 그것은 준 것만큼 복이라는 사실입니다. 사실 하나님께서 우리에게 주신

복은 부족한 적이 없습니다. 그래서 다윗은 '내 잔이 넘치나이다.' 라고 고백하였습니다. 또 본문에서도 주님은 누르고 흔들어 넘치게 하시겠다고 하셨습니다. 그러면 하나님께서는 왜 우리에게 이토록 넘치도록 복을 주시는 것일까요? 그것은 누가복음에 나오는 어리석은 부자처럼 창고나 더 크게 짓고 더 많이 쌓아두라고 넘치도록 복을 주시는 것은 절대로 아닙니다. 하나님께서 우리에게 복을 주시는 이유는 그 복이 자연히 넘쳐 흘러나가게 하기 위해서입니다.

창세기 49장에는 야곱이 임종을 앞두고 12아들을 불러 모아 축복해 주는 내용이 기록되어 있습니다. 그 중 야곱은 요셉에게 아주 중요한 축복을 했습니다.

"요셉은 무성한 가지 곧 샘 곁의 무성한 가지라 그 가지가 담을 넘었도다."(창 49:22)

가지가 울타리를 넘어야 복이라는 것입니다. 그런데 우리의 현실은 어떻습니까? 절대로 나의 가지가 담을 넘지 못하도록 하고 있습니다. 그리고 그 모든 열매를 나 혼자 소유하려고 합니다. 그런데 그것은 하나님의 원리의 기준으로 볼 때 결코 복이 아닙니다.

선진국의 특징은 국민소득이 높다는 것만 이유가 되지 않습니다. 선진국의 가장 중요한 특징은 있는 자의 소유가 나눔이라는 통로를 통해서 잘 분배되고 있다는 것입니다. 선진국일수록 자신의 유산을 자식에게 상속해주는 것보다 좋은 목적을 위해 기부하는 것을 자랑스럽게 여긴다고 합니다. 그래서 Donation 문화가 아름답게 정착되어 있습니다. 그런데 후진국일수록 소유의 편중현상이 심각합니다. 재벌이나 권력을 가진 몇 사람이 국가 경제를 쥐고 있습니다. 굶어 죽어가는 사람들이 길거리에 쓰레기처럼 널려 있지만 부자는 자가용 비행기를 몇 대씩 굴리며 살아갑니다. 이것은 결코 성경적인 복이 아닙니다.

우리나라도 마찬가지입니다. 재벌들이 돈을 벌었으면 자기 쓸 만큼만 남겨두고 밑으로 흘러가게 해야 중소기업도 살고 백성들도 혜택을 누리며 살게 됩니다. 어리석은 부자처럼 더 크게 곳간이나 늘리고, 문어발식으로 이것저것 다 삼켜 버리면 나라는 망하게 되어 있습니다. 백두산의 천지는 항상 넘쳐흐릅니다. 그래서 압록강을 이루고 두만강을 이루게 되어 그 강을 통해서 수많은 평야를 적시게 되고 수많은 백성들이 살게 되는 것입니다.

그 동안 한국교회는 성도들에게 잘못된 복의 개념을 가르쳐 왔습니다. 그 결과 기복주의 신앙을 낳게 되었습니다. 기복주의는 베풂과 나눔의 정반대가 되는 개념입니다. 기복주의에는 미신적 요소가 다분히 포함되어 있습니다. 기복주의는 알라딘 요술 램프나 도깨비 방망이와 전혀 다르지 않습니다. 한국의 성도들이 가장 좋아하는 성경구절이 있다면 신명기 28장 3절 이하의 말씀일 것입니다.

"성읍에서도 복을 받고 들에서도 복을 받을 것이며, 네 몸의 자녀와 네 토지의 소산과 네 짐승의 새끼와 소와 양의 새끼가 복을 받을 것이며, 네 광주리와 떡 반죽 그릇이 복을 받을 것이며, 네가 들어와도 복을 받고 나가도 복을 받을 것이라"(신 28:3~6)

'복'을 이야기할 때 히브리어로 '베로크'라는 단어를 사용합니다. 그런데 '베로크'는 '바라크'라는 단어에서 나온 말입니다. 놀랍게도 '바라크'는 '엎드리다'라는 뜻입니다. 그러므로 궁극적으로 엎드리는 것이 복입니다. 신명기 28장 3절 이하의 말씀을 읽기 전에 우리는 1절 말씀에 유념해야 합니다.

"네가 네 하나님 여호와의 말씀을 삼가 듣고 내가 오늘 네게 명령하는 그의 모든 명령을 지켜 행하면 네 하나님 여호와께서 너를 세계 모든 민족 위에 뛰어나게 하실 것이라"(신 28:1)

여기서 '삼가 듣고'라는 말씀은 대단히 중요한 의미를 갖고 있습니다. 즉 엎드려 듣는 것을 말합니다. 엎드리는 것이 성경적 복이라

6. 지킴에서 나눔으로

면 우리는 복의 개념을 다시 정립해야 합니다. 즉 진정한 복은 소유의 개념이 아니라 관계의 개념이라는 것을 알 수 있습니다. 엎드림으로 하나님께 접근해 가는 것이 복입니다. 그런데 복의 개념을 소유의 개념으로 잘못 이해하게 됨으로 기독교가 이상한 종교가 되어버렸습니다. 사실 우리가 하나님과 온전한 관계를 유지할 수만 있다면 하나님의 것이 모두 나의 것이 된다는 영적인 논리가 성립이 됩니다.

이런 의미에서 오늘날 교회가 실수하는 것이 있습니다. 교회가 추구하는 것이 소유에 있으면 안 된다는 것입니다. 진정한 복은 소유에 있지 않기 때문입니다. 그럼에도 불구하고 오늘날 교회는 교인 숫자와 재정 규모에 민감합니다. 그 결과 비본질적인 프로그램에 집착하고 있습니다. 그러므로 교회가 회복해야 할 가장 중요한 부분은 '엎드림'입니다. 하나님 앞에 삼가 듣는 일을 회복하지 않으면 진정한 복은 주어지지 않습니다.

교회 부흥을 소유로 평가한다면 예루살렘 교회는 망한 교회입니다. 왜냐하면 핍박을 받아 모두 흩어져버렸기 때문입니다. 그러나 예루살렘 교회에 핍박을 주신 분도 하나님이고, 흩어지게 하신 분도 하나님이십니다. 우리는 결과에 대해서 민감해 할 필요는 없습니다. 결과는 내가 만들어 가질 수 있는 것이 아니라 주어지는 것이기 때문입니다. 우리는 하나님 앞에 삼가 듣고 엎드리는 일에 최선을 하다 보면 결과는 하나님께서 알아서 주십니다. 나가면서 받는 복을 주실지, 아니면 들어오면서 받는 복을 주실지 그것은 하나님께서 하실 일입니다.

하나님께서 주시는 복의 특징이 있습니다. 그것은 복의 스펙트럼이 점점 넓어진다는 것입니다. 예루살렘에 끼리끼리 모여 있는 것은 하나님의 뜻이 아닙니다. 때문에 하나님은 핍박을 통해 예루살렘 교회를 흩어지게 하셔서 땅 끝까지 가게 하셨습니다. 야곱의 축복처럼 가지가 담장을 넘어가야 합니다. 그러므로 하나님께서 나에게 주신 복으로 말미암아 성읍이 복을 받아야 하고, 들판이 복을 받아야 하고, 심지어 짐승까지 행복해져야 합니다.

하나님은 인간에게 세 가지 창고를 주셨다고 합니다. 제일 첫 번째는 현실적인 창고입니다. 예를 들면 우리의 주머니입니다. 이 창고는 여러분의 저금통장일 수 있습니다. 그런데 자신의 주머니 창고만 채우려고 하는 사람이 있다면 예수님의 지적대로 어리석은 부자입니다. 하나님께서 오늘 밤이라도 그 생명을 거두어 가신다면 그 소유는 아무 의미가 없게 됩니다.

그리고 하나님은 우리에게 두 번째 창고를 주셨는데 그것은 우리의 가난한 이웃들입니다. 어거스틴은 그의 저서 '독백'에서 이런 말을 했습니다. "그대들은 곳간을 가지고 있느니라. 가난한 자들의 가슴과 과부들의 집들과 고아와 유아들의 입들이 바로 그대들의 곳간이니라." 하나님은 구약시대 때 추수를 할 경우 거두는 자는 밭 한 모퉁이를 가난한 자를 위해서 남겨놓게 하셨습니다. 우리의 것이 가난한 사람을 향해서 흘러가게 하기 위해서입니다. 가난한 사람도 분명 우리의 창고입니다. 옛 말에 '호랑이는 죽어서 가죽을 남기고, 사람은 죽어서 이름을 남긴다'고 했습니다. 그렇다면 성도가 죽어서 남기는 것은 무엇일까요? 어떤 분이 말하기를 그것은 자신이 남을 도와준 것만 남는다고 했습니다.

그 다음 하나님은 우리에게 세 번째 창고를 또 주셨는데 그것은 바로 하늘의 창고입니다. '지상의 백만장자는 하늘나라의 거지이다'라는 말도 있습니다. 아무리 먹을 것을 태산같이 쌓아 놓아도 결국은 내가 먹은 것만큼만 내 것입니다. 물질도 마찬가지입니다. 아무리 하늘 높이 쌓아 놓았다고 할지라도 내가 사용한 것만큼만 내 것입니다. 그리고 가난한 자들을 향해 흘러 내려 보낸 것만 나의 복입니다. 더 나아가 그 것만큼만 하늘에서 내가 받게 될 상급입니다.

7.

지식에서
지혜로

누가복음 16장 1~9절

"8주인이 이 옳지 않은 청지기가 일을 지혜 있게 하였으므로 칭찬하였으니 이 세대의 아들들이 자기 시대에 있어서는 빛의 아들들보다 더 지혜로움이니라 9내가 너희에게 말하노니 불의의 재물로 친구를 사귀라 그리하면 그 재물이 없어질 때에 그들이 너희를 영주할 처소로 영접하리라"(눅 16:8~9)

'아는 것이 힘이다'라는 말이 있습니다. 이 말은 현대인들에게 있어서 거의 통념화되어 있는 가치관이라고 할 수 있습니다. 그래서 사람들이 많은 지식을 소유하려고 몸부림을 치고 있습니다. 지식의 정도에 따라서 승패가 좌우되는 세상입니다. 또한 홍수처럼 범람하는 지식을 따라간다는 것은 불가능한 일입니다. 오늘의 지식이 내일에는 쓸모없는 쓰레기처럼 되어 버립니다. 그 변화를 따라가지 못할 때 하루아침에 원시인으로 전락하는 시대를 우리가 살아가고 있습니다.

그러면 '지식'과 '지혜'는 어떻게 다른 것입니까? 지식이란 어떤 사물에 대한 인지능력이라고 할 수 있습니다. 이 인지능력은 학습이라는 수단을 통해서 갖게 됩니다. 예를 들어 무지개는 일곱 가지 색깔입니다. 그러면 일곱 가지 색 이름을 우리는 어떻게 알게 되었을까요? 그것은 그렇게 배웠기 때문입니다. 그러므로 지식은 항상 잘못될 가능성이 있고 변질될 개연성이 충분합니다. 오늘은 그

것이 정답이었는데 내일에 가면 그것이 오답이 될 수도 있습니다. 그러면 지혜는 무엇입니까? 지혜는 한 마디로 지식을 사용할 수 있는 능력을 말합니다. 색깔 이름을 아는 것은 지식입니다. 그러나 지혜는 그 다양한 색깔을 이용해서 멋진 작품을 만들어내는 능력입니다. 색깔을 어떻게 활용하느냐에 따라서 졸작이 되기도 하고 걸작이 되기도 합니다.

우리들은 너나 할 것 없이 수많은 삶의 지식들을 소유하고 있습니다. 단순히 지식은 학교에서 배우는 것을 통해서만 갖게 되는 것은 아닙니다. 우리 몸 전체가 지식을 얻기 위한 학습의 통로라고 해도 과언이 아닙니다. 이렇게 총체적인 경험을 통해 지식이 형성이 됩니다. 그리고 그 지식들은 다양한 지식의 산물을 만들어 놓습니다. 그 산물이란 문명, 기술, 과학, 학문 등 헤아릴 수 없이 다양할 수 있습니다. 그런데 문제는 이 많은 지식들을 통해서 어떻게 아름다운 인생을 만들어갈 수 있느냐에 있습니다. 이것은 지식의 문제가 아니라 지혜의 문제입니다. 우리는 종종 사회적으로 대단한 명망을 가진 사람들이 부정부패에 연루되어 있는 것을 보게 됩니다. 그들의 이력은 눈부실 정도로 화려합니다. 한 마디로 대단한 지식인들이라고 할 수 있습니다. 그런데 문제는 그 지식을 활용할 수 있는 지혜가 그들에게 없다는 것이 문제입니다. 정말 저들이 갖고 있는 지식이 아까운 사람들입니다.

본문은 예수님께서 들려주신 부정직한 청지기의 비유 말씀입니다. 본문에 따르면 이 청지기가 주인의 소유를 허비한다는 사실 때문에 해고를 당하게 됩니다. 그는 하루아침에 삶의 터전을 잃어버리고 빈털터리가 되어 길거리로 쫓겨날 수밖에 없는 신세가 되었습니다. 이런 상황에서 다른 일을 할 수 있는 입장도 아닙니다(3절). 그렇다고 해서 가만히 있을 수도 없는 일이었습니다. 그래서 그 청지기는 빨리 머리를 회전시켜서 자기가 쫓겨난 후에 살 방법을 찾아내었습니다. 그 방법이란 그 동안 주인에게 빚진 자들의 상당한 빚을 탕감해 줌으로 빚진 자들의 인심을 얻어 놓는 방법이었습니다. 이 방법이 떠오르자 이 청지기는 더 이상 주저하지 않았습니다. 즉각적으로 행동에 옮겼습니다.

"내가 할 일을 알았도다 이렇게 하면 직분을 빼앗긴 후에 사람들이 나를 자기 집으로 영접하리라 하고"(눅 16:4)

여기서 이 청지기는 아주 중요한 말을 하고 있습니다. "내가 할 일을 알았도다!" 이 말은 지혜를 얻었다는 의미입니다. 지혜는 다른 것이 아닙니다. 아름다운 인생을 이루기 위하여 무엇을 해야 하는지, 그 할 일을 아는 것이 지혜라고 할 수 있습니다. 지혜가 없는 사람은 자기가 무슨 일을 해야 하는지를 모릅니다. 그래서 지식이 부족하면 무식하다는 말을 하게 되지만, 지혜가 부족하면 어리석다는 표현을 하게 됩니다.

본문에 따르면 이 청지기는 주인에게 빚진 자들을 불러 기름 100말을 빚진 자는 50말로 증서를 고쳐 쓰게 하고, 밀 100석을 빚진 자는 80석으로 고쳐 쓰게 함으로 부채를 상당 부분 탕감해 주었습니다. 그런데 이 소문이 주인에게까지 들리게 됩니다. 놀라운 사실은 이 소식을 들은 주인이 그 불의한 청지기를 사기꾼으로 고발을 한 것이 아니라 오히려 그의 지혜를 칭찬했다는 사실입니다. 이렇듯 지혜는 사람을 놀라게 하며 감동을 주는 능력이 있습니다.

"주인이 이 옳지 않은 청지기가 일을 지혜 있게 하였으므로 칭찬하였으니 이 세대의 아들들이 자기 시대에 있어서는 빛의 아들들보다 더 지혜로움이니라"(눅 16:8)

그러면 주인을 깜짝 놀라게 한 이 청지기의 지혜는 어떤 것이겠습니까? 보통 사람들이 생각하는 것처럼 이왕 쫓겨나는 입장에서 주인의 재산을 횡령하여 축재나 하는 식으로 접근하지 않았습니다. 물론 그렇게 할 수도 있었지만 그렇게 하지 않았습니다. 여기서 중요한 것은 이 청지기는 주인의 재산을 통해서 미래를 위해 친구를 사귀어 두는 것이 중요하다고 여겼다는 것입니다. 이것이 왜 지혜입니까? 그것은 돈보다도 인간을 더 소중하게 생각했기 때문입니

7. 지식에서 지혜로

다. 돈은 아무리 많아도 언젠가는 내 곁을 떠날 것이지만 내가 돈으로 도운 사람은 오래도록 그에게 신실함을 보여줄 것이라고 확신했기 때문입니다. 이 청지기는 내일을 위해서 축재하는 방법이 아니라 투자하는 방법을 선택했습니다. 그는 돈에 대한 신뢰보다 인간에 대한 신뢰를 더 우선적으로 생각했습니다. 이 청지기의 지혜에 대해서 주인은 이런 교훈을 우리에게 주고 있습니다.

> "(8)주인이 이 옳지 않은 청지기가 일을 지혜 있게 하였으므로 칭찬하였으니 이 세대의 아들들이 자기 시대에 있어서는 빛의 아들들보다 더 지혜로움이니라 (9)내가 너희에게 말하노니 불의의 재물로 친구를 사귀라 그리하면 그 재물이 없어질 때에 그들이 너희를 영주할 처소로 영접하리라"(눅 16:8,9)

예수님 당시의 청지기는 우리가 생각하는 대로 노예가 아닙니다. 세상적으로 대단한 지식인이라고 할 수 있습니다. 청지기에게는 주인의 전 재산을 관리할 수 있는 권한이 있었고, 자기 밑에 노예까지 거느릴 수 있었습니다. 그런데 이 불의의 청지기에게 지혜가 있었다는 것은 주인으로부터 자기가 해고될 날이 올 것이라는 것을 알고, 그 날을 위해 오늘 자기가 해야 할 일을 찾고 있었기 때문입니다.

우리가 알아야 하는 것은 우리 모두 하나님의 청지기로 이 세상을 살아가고 있다는 사실입니다. 우리는 주인이 아닙니다. 하나님께서 맡겨주신 것들을 관리하는 청지기일 뿐입니다. 그런데 우리에게 해고될 날이 다가오고 있다는 것을 알아야 합니다. 하나님께서 우리의 생명을 거두어 가실 때가 있습니다. 그 때가 되면 내가 하던 일 그대로 내려놓고 떠나야 합니다. 그런데 어리석은 사람은 이 사실을 모르고 삽니다. 아무리 박사학위를 몇 개씩이나 갖고 있어도 이것을 모르면 어리석은 사람입니다. 때문에 어리석은 사람은 재산을 축적하는 일에만 몰두합니다. 그러나 지혜로운 사람은 그 날을 위하여 투자를 하게 됩니다. 즉 어리석은 사람은 투기를 하지만, 지혜로운 사람은 투자를 하는 사람입니다.

지식은 지식에만 머물러 있으면 아무 것도 아닙니다. 지식이 지혜로 거듭나야 합니다. 지식이 지혜로 거듭나지 못할 때 서투른 지식 때문에 오히려 망할 수도 있습니다. 이전에 캐나다에 간 적이 있었는데 제일 부러운 것은 자연보호가 아주 잘 되어 있는 것이었습니다. 야생동물들이 떼를 지어 뛰어놀고 있었습니다. 그래서 곳곳에 곰을 그려놓고 위험한 지역이라는 광고푯말이 붙어 있었습니다. 그리고 야생동물을 불법으로 포획을 하게 되면 상상을 초월할 정도의 엄한 형벌을 받게 된다고 합니다. 그런데 어떤 한국 사람이 이 사실을 모르고 곰 사냥을 간 것입니다. 정말 곰 한 마리가 나타나자 이 사람은 사정없이 방아쇠를 당겼습니다. 그 총소리가 록키산맥

7. 지식에서 지혜로

전체에 울려 퍼졌습니다. 아니나 다를까 즉각 경찰이 출동해 오더니 이 사람을 체포 했습니다. 그러자 이 한국 사람은 억울하다는 듯 경찰에게 "분명 사냥을 해도 된다고 써 있기 때문에 사냥을 한 것인데 왜 체포를 합니까?"라고 강력하게 항의를 했다고 합니다. 그러자 경찰이 "어디에 그런 것이 써 있느냐?"고 따져 물었습니다. 그러자 이 한국 사람은 "위험"이라고 표시된 표지판을 가리켰습니다. 그 표지판에는 "위험"이란 뜻의 "Danger"가 쓰여 있었습니다. 이것을 영어가 짧은 이 사람은 읽는 그대로 "당겨"로 읽은 것입니다.

우리는 지혜를 가져야 합니다. 지혜가 우리를 살게 합니다. 그러면 지혜는 어떻게 얻을 수 있을까요? 지식은 학습을 통해서 얻을 수 있지만, 지혜는 은사이기 때문에 하나님으로부터 받아야 합니다.

"너희 중에 누구든지 지혜가 부족하거든 모든 사람에게 후히 주시고 꾸짖지 아니하시는 하나님께 구하라 그리하면 주시리라"(약 1:5)

지혜의 근원은 하나님이십니다. 그러므로 하나님께서 창조하신 이 우주 만물에는 하나님의 지혜로 충만합니다. 아울러 하나님께서 경영하시는 모든 섭리 가운데 지혜가 넘치고 있습니다. 그 지혜 가운데 최고봉은 십자가입니다. 공의와 사랑을 동시에 만족시키기란 불가능합니다. 공의를 만족시키면 사랑이 무시되고, 반대로 사랑을 만족시키면 공의가 무시됩니다. 그러나 이 모순을 넉넉히 해결하신 것이 십자가입니다. 십자가는 하나님의 최고의 지혜입니다. 궁극적으로는 이 십자가의 은혜를 우리가 받아야만 지혜가 가치 있게 되고 완성이 됩니다.

> "(22)유대인은 표적을 구하고 헬라인은 지혜를 찾으나 (23)우리는 십자가에 못 박힌 그리스도를 전하니 유대인에게는 거리끼는 것이요 이방인에게는 미련한 것이로되 (24)오직 부르심을 받은 자들에게는 유대인이나 헬라인이나 그리스도는 하나님의 능력이요 하나님의 지혜니라"(고전 1:22~24)

종교적 지식과 철학으로 무장했다고 하는 유대인이나 헬라인에게는 십자가의 도가 미련한 것으로 보일 수 있습니다. 그러나 하나님의 부르심을 받은 사람은 십자가의 도를 압니다. 나를 구원하지 못하는 지식은 바울의 말처럼 배설물처럼 버려야 합니다. 그리고 예수를 아는 가장 고상한 지식을 가져야 합니다. 이 지혜가 마지막으로 우리를 살립니다.

8

어제에서
오늘로

누가복음 5장 25~26절

"²⁵그 사람이 그들 앞에서 곧 일어나 그 누웠던 것을 가지고 하나님께 영광을 돌리며 자기 집으로 돌아가니 ²⁶모든 사람이 놀라 하나님께 영광을 돌리며 심히 두려워하여 이르되 오늘 우리가 놀라운 일을 보았다 하니라"(눅 5:25,26)

인간은 시간 속에 사는 존재입니다. 특별히 우리에게 주어진 시간이란 아주 제한적입니다. 그러므로 시간이 흐른다는 말은 나에게 주어진 남은 시간이 줄어들고 있다는 것을 의미한다고 할 수 있습니다. 시간이 곧 나의 역사요 인생이기 때문에 나에게 있어서 남은 시간을 최대한으로 잘 사용하는 것이 중요합니다. 이것이 나의 생애에 성공과 실패를 가리는 관건이라 할 수 있습니다. 이런 의미에서 현재 내가 갖고 있는 것 중에 시간만큼 값비싼 재산은 없습니다. 잃어버린 물질이나 건강은 얼마든지 다시 회복할 수 있습니다. 그러나 흘러간 시간을 다시 찾을 수 있는 방법은 없습니다.

예수님도 시간 개념에 대해서만큼은 얼마나 철저하셨는지 모릅니다. 다른 것에 대해서는 얼마든지 융통성을 가지셨습니다만 시간에 대해서만큼은 용납이 없으셨습니다. 마태복음 25장에 보면 기름을 준비하지 못한 미련한 다섯 처녀가 신랑이 온다는 소식을 듣고 동네로 기름을 사러 가게 됩니다. 그 사이에 잔칫집 문이 닫혀 버린 것입니다. 그 후 동네에서 기름을 사 가지고 온 다섯 처녀들이 문을 두드리며 열어 달라고 애원을 했지만 그 문은 다시 열리지 않았습니다.

조금 넓은 마음으로 이해한다면 이 다섯 처녀에 대해서 정상참작의 은혜를 주실 만도 합니다. 이 처녀들은 낮에 놀고 있던 사람들이 아니었습니다. 신랑을 맞이하기 위하여 얼마나 열심히 일을 했는지 모릅니다. 그 결과 너무 피곤하여 기름을 준비하지 못한 채 깜빡 잠이 들었던 것입니다. 그리고 늦었지만 재빨리 동네로 기름을 사러 간 것입니다. 이런 사정을 헤아린다면 문 닫는 시간을 조금만 늦추어 주어도 괜찮다는 것이 우리의 바램이요 생각입니다. 그런데 주님은 그것을 용납하지 않으셨습니다. 이것이 바로 시간에 대한 주님의 인식입니다.

모든 시간에는 마땅히 그 때에 해야 할 일이 주어집니다. 그러므로 그 시간에는 무슨 일이 있어도 그 일을 해야 합니다. 기름을 준비해야 하는 시간에는 다른 것을 하지 말고 기름을 준비해야 합니다. 그 시간에 잠을 자며 휴식을 취하면 안 됩니다. 또 신랑을 맞이해야 하는 그 시간에는 오직 신랑을 영접하는 일에만 전념을 해야 합니다. 그 시간에 기름을 사러 나가면 안 됩니다. 이렇게 시간 관리를 못하는 사람을 가리켜 미련한 사람이라고 말을 합니다. 그래서 우리는 기름을 준비하지 못한 이들을 가리켜 미련한 다섯 처녀라고 부르고 있습니다.

하나님께서 우리에게 주신 은혜가 많지만 그 중에서 가장 큰 은혜는 시간을 주신 은혜입니다. 다른 것은 없어도 나에게 시간만 주어진다면 얼마든지 희망이 있습니다. 시간이 나에게 있는 한 모든 가능성은 열려 있습니다. 잃어버린 재산도 회복할 수 있고, 건강도 다시 찾을 수 있습니다. 또 회개할 수도 있고 구원을 받을 수도 있습니다. 그러나 나에게 주어진 시간이 마감이 되면 모든 가능성은 사라지고 맙니다. 그러므로 무엇보다도 시간을 관리할 수 있는 지혜가 우리에게 있어야 합니다. 왜냐하면 잃어버린 시간은 회복할 수 있는 방법이 없기 때문입니다. 그런 이유로 시간을 낭비한다는 것은 하나님 앞에 가장 큰 죄가 됩니다. 하나님은 열심히 살다가 실패하는 것에 대해서는 얼마든지 용서를 하시고 또 기회를 주십니다. 그러나 게으른 것에 대해서만큼은 용서가 없으십니다. 한 달란트를 받은 종에게 주인은 악하고 게으른 종이라고 책망하시며 내쫓았다고 성경은 말씀합니다.

헬라 개념에는 두 가지 시간개념이 있습니다. '크로노스'라고 하는 양적 시간이 있습니다. 그런가 하면 '카이로스'라고 하는 질적 시간도 있습니다. 하나님 앞에 양적 시간은 별 의미가 없습니다. 설사 100년을 산다고 할지라도 의미 없이 살았다면 아무 가치가 없습니다. 하나님께서 카운트하시는 시간은 질적 시간입니다. 우리 예수님은 33년이란 짧은 인생을 사셨지만 "다 이루었다"라고 하셨습니다. 정말 무한대한 가치 있는 삶을 사신 것입니다. 그렇기 때문에 예수님은 우리 생애 가운데 아직도 살아계십니다. 예수님의 삶은 과거완료형이 아니라 현재진행형입니다. 성경은 아브라함이 고향 친척 아비 집을 떠난 75세 이후의 이야기를 들려주고 있습니다. 그 이전의 이야기에는 관심이 없습니다. 그 이유는 아브라함이 하나님의 말씀에 사로잡혀 순종한 이후의 삶에 대해서만 가치를 부여하기 때문입니다.

그런 의미에서 성경은 '오늘'이라는 시간을 특별히 중요하게 다루고 있습니다. 이미 지나간 세월은 이미 내 곁을 떠난 것이기에 나와는 아무 상관이 없습니다. 그리고 앞으로 올 미래라고 하는 시간도 아직 내 손에 잡히지 않은 시간이기 때문에 역시 나와는 상관이 없습니다. 단지 내 인생에 의미를 주는 것은 오늘이라는 하루뿐입니다. 어떤 분은 말하기를 "어제는 부도난 수표이고, 내일은 약속어음에 불과하다. 단 현찰은 오늘 뿐이다."라고 했습니다. 맞는 말입니다. 오늘이 내 인생에 전부입니다. 오늘 하지 않은 것을 내일 하게 될 것이라는 보장이 없습니다. 그러므로 오늘이 내 인생에 전부이기 때문에 오늘을 가장 보람 있고 후회 없이 마무리 지으면서 살

8. 어제에서 오늘로

아야 합니다. 시편기자는 이렇게 말했습니다.

> "내가 여호와의 명령을 전하노라 여호와께서 내게 이르시되 너는 내 아들이
> 라 오늘 내가 너를 낳았도다"(시 2:7)

'오늘 내가 너를 낳았도다.'라는 뜻이 무엇입니까? 오늘이라는 날은 하나님의 은혜로 매일같이 새롭게 태어나는 날이라는 뜻입니다. 어제의 나는 어저께로 끝난 것입니다. 오늘을 맞이하는 나는 전혀 새로운 존재로 탄생되고 있는 것입니다. 이렇게 우리는 날마다 새롭게 태어납니다. 어제는 어제로 보내고 오늘은 나에게 새롭게 주어진 날로 다시 출발해야 하는 날입니다.

본문에 보면 중풍병에 걸린 친구를 고치기 위해서 네 명의 친구들이 예수님이 머물고 계신 집의 지붕을 뜯고 침상을 예수님 앞에 달아내려 병을 고치는 장면이 기록되어 있습니다. 이 때 그 집에 가득히 메운 사람들이 예수님께서 병을 고치시는 장면을 보고 이렇게 탄성을 질렀습니다. "오늘 우리가 놀라운 일을 보았다!" 어제도 보지 못했던 그 놀라운 일을 오늘 보았다는 것입니다. 아마도 그 자리에 있어서 그 놀라운 광경을 목도한 사람들은 그들 생애에 전환점U-turn point이 되었을 것입니다. 그러므로 오늘이라는 날은 주님의 놀라운 일을 보는 날이어야 합니다. 사실 사람이 하루하루를 산다는 것이 기적입니다. 내가 명이 길어서 사는 것이 아니라 하나님의

은혜입니다. 하나님의 놀랍고도 기이한 일들이 바로 오늘 우리에게 일어나고 있습니다. 이것이 나에게 주어진 오늘의 의미입니다.

그러므로 오늘이라는 시간은 우리에게 결단을 요구하고 있습니다. 베드로는 어느 날 갈릴리 바다에서 고기를 잡다가 예수님을 만나게 되었습니다. "나를 따르라."고 명령하시는 주님을 만나던 그 날, 베드로는 인생에 아주 중대한 결단을 해야 했습니다. 베드로는 그 결단을 다음 날로 미루지 않았습니다. 그 결단을 만약 내일로 미루었다면 베드로는 수제자가 되지 못했을 것입니다. 바울, 모세, 이사야나 아모스 등, 그리고 인류 역사를 빛냈던 수많은 사람들도 '오늘'이라고 하는 어느 날 하나님의 부르심 앞에 결단을 요구받았던 사람이었습니다. 그 부르심을 받았던 그 날 저들은 결단을 했습니다. 그러나 불행하게도 결단을 내일로 미루었다가 영원히 은혜의 기회를 놓쳐버린 사람이 얼마나 많은지 모릅니다. 어리석은 부자는 그 날 밤이 그의 생애에 마지막 날이었음에도 불구하고 회개를 내일로 미루다가 그만 그 날 밤에 죽고 말았습니다(눅 12:20).

내 생애에 있어서 가장 사랑하고 아껴야 하는 날은 어제도 아니고 내일도 아니고 오늘입니다. 오늘 내 곁에 있는 아내, 남편, 식구들, 이웃들을 가장 뜨겁게 사랑해야 합니다. 많은 사람들이 왕년往年 이야기를 많이 합니다. 모두 소용이 없는 이야기입니다. 오늘의 내

8. 어제에서 오늘로

모습을 가장 사랑해야 합니다. 30여년 사진생활을 하면서 느낀 것이 많습니다. 연세 드신 여자 분들을 찍어드릴 때 공통적으로 나타나는 현상이 있습니다. 그것은 손을 절레절레 흔들며 사진기 앞에 서지 않으려고 한다는 사실입니다. 그 이유는 얼굴에 주름이 너무 많기 때문이라고 합니다. 그러나 그것은 잘못된 생각입니다. 왜냐하면 나에게 남아 있는 시간 가운데 오늘의 내 모습이 가장 젊고 예쁜 모습이기 때문입니다. 오늘의 내 모습을 사랑할 수 있어야 합니다.

그리고 오늘은 나의 구원을 이루는 날이어야 합니다. 어떤 사람은 자기 옛날에 신앙 좋았던 시절을 자랑하는 사람이 있습니다. 학생회장도 했었고, 청년회장도 했었다고 자기의 신앙경력을 자랑합니다. 어떤 사람은 교회 일은 자기 혼자 전부 하다시피 했었다고 자랑을 합니다. 그러나 어제 있었던 일은 모두 소용이 없습니다. 그리고 내일부터 잘 믿어보겠다고 하는 것도 소용이 없는 말입니다. 가장 중요한 것은 오늘입니다. 어제 믿음은 아무 소용이 없습니다. 오늘 내가 갖고 있는 믿음으로 구원을 얻는 것입니다. 더 나아가 예수님과 함께 십자가에 달렸던 강도처럼 내 목숨이 끊어지는 그 순간에 갖고 있었던 믿음으로 구원을 받게 됩니다. 그러므로 만약 오늘이 나에게 마지막이어도 구원을 받을만한 믿음이 오늘 나에게 있느냐 하는 것이 중요합니다.

"이르시되 내가 은혜 베풀 때에 너에게 듣고 구원의 날에 너를 도왔다 하셨으니 보라 지금은 은혜 받을 만한 때요 보라 지금은 구원의 날이로다"(고후 6:2)

1906년 4월 17일, 미국 샌프란시스코에 있는 교회에서 부흥집회가 열리고 있었습니다. 정말 은혜가 넘치고 뜨거운 집회였습니다. 강사 목사님은 설교가 끝난 후 결단의 시간을 가졌습니다. 목사님은 누구든지 주님을 영접하고 새 사람으로 살겠다고 결단하는 사람은 지금 손을 들어보라고 했습니다. 대부분의 사람이 손을 들었습니다. 그런데 예배당 맨 뒷자리에 어느 군인 한 사람은 집회 시간 내내 눈물을 흘리고 있었지만 손을 들지 않았습니다. 이것을 보다 못한 옆의 성도가 손을 들어 보라고 권면을 했지만 그 군인은 손을 들지 않고 눈물만 흘렸습니다. 그 군인은 조그마한 소리로 이렇게 말을 했습니다. "오늘은 마음의 준비가 아직 되어 있지 않습니다. 내일 집회 시간에 제가 꼭 결단하도록 하겠습니다."

그런데 그 다음 날인 1906년 4월18일, 새벽 5시 12분경이었습니다. 교회 종소리가 저절로 울리더니 지축이 흔들리기 시작했습니다. 그 유명한 샌프란시스코 대지진이 일어난 것입니다. 리히터 8.3의 초강력 지진이었습니다. 순식간에 3,000여명의 사람이 죽게 되었고, 도시 건물의 98%가 무너져 내렸습니다. 얼마나 지진이 강력했던지 땅이 수평으로 8.5미터가 옮겨졌다고 합니다. 불행한 것은 어제 부흥집회를 했던 그 교회당도 완전히 무너졌고, 내일 와서 결단을 하겠다고 약속했던 그 군인도 그 날 죽게 되었습니다. 그 군인이 그렇게 바라고 있었던 내일은 다시 그에게 오지 않았습니다.

과거의 경력이 아무리 화려하면 무엇 하겠으며, 미래의 희망이 아무리 무지갯빛이면 무슨 소용이 있습니까? 아직까지는 오늘 지금 내 모습이 내 생애에 전부입니다. 나에게 마지막으로 주어진 오늘은 우리에게 마지막 결단을 요구하고 있습니다.

9.

겉사람에서
속사람으로

갈라디아서 5장 16~24절

"²²오직 성령의 열매는 사랑과 희락과 화평과 오래 참음과 자비와 양선과 충성과 ²³온유와 절제니 이같은 것을 금지할 법이 없느니라 ²⁴그리스도 예수의 사람들은 육체와 함께 그 정욕과 탐심을 십자가에 못 박았느니라"(갈 5:22~24)

지금 우리는 외모의 시대를 살고 있습니다. 요즈음 운동선수들의 몸값이 천문학적인 수치를 기록하고 있습니다. 공 하나만 잘 다루어도 인정을 받습니다. 스케이트 하나만 잘 타도 스타가 됩니다. 골프 하나만 잘 해도 최고의 명예를 얻을 수 있습니다. 또 악기 하나만 잘 연주해도 세계적인 인물이 될 수 있습니다. 뿐만 아니라 얼굴 하나만 반반하게 잘 생겨도 엄청나게 돈을 벌 수 있습니다. 이렇게 세상은 겉모습을 중요시 여깁니다. 일류 대학을 졸업하면 훨씬 유리하게 사회생활을 할 수 있습니다. 그러나 성경은 사람의 가치는 겉모습에 있지 않다고 말씀합니다. 겉모습보다 훨씬 소중한 것이 있습니다. 그것은 그 겉모습 속에 담겨 있는 내용입니다. 예수님은 사람의 생명이 온 천하보다 귀하다고 말씀하셨습니다.

인간은 흙으로 지음을 받았기 때문에 겉 사람은 흙이라고 할 수 있습니다. 아무리 얼굴이 잘 생기고, 실력이 있고, 능력이 있어도 겉 사람은 흙일뿐입니다. 그래서 사람이 죽으면 흙으로 돌아가게 되어 있습니다. 그렇기 때문에 사람이 죽으면 빨리 흙으로 돌아가야 합니다. 어떤 경우에는 부패 박테리아가 서식하지 못하는 흙이 있다고 합니다. 그런 흙에 묘지를 사용하게 되면 수천 년이 지나도 시신이 썩지 않고 미이라로 남을 가능성이 있다고 합니다. 아주 오래 전 어느 문중 산에서 500년이 훨씬 넘은 미이라가 발견되었다고 신문에 보도된 적이 있었습니다. 그 미이라를 연구해 보았더니 무슨 병으로 죽었는지, 또 무슨 음식을 먹었는지도 DNA 검사를 통해서 다 알 수 있다고 했습니다. 그러나 흙으로 돌아가지 못하고 미이라로 남아 있는 것은 좋지 못합니다. 사람에게는 흙이 제일 편합니다. 인간의 육신은 흙이 고향과 같습니다. 그래서 흙을 밟아야 하고, 흙냄새를 맡아야 건강해집니다. 요즈음 새집 증후군으로 고생하는 사람들이 많습니다. 우리 몸에 제일 좋은 집은 흙집입니다. 흙은 우리 몸에 전혀 부작용을 주지 않습니다. 그것은 사람이 흙에서 왔기 때문입니다.

사람은 나이가 들면 들수록 피부도 어두운 색깔로 변합니다. 나이가 또 50이 넘어가면 검버섯이 여기저기 생기기 시작합니다. 어떤 분이 말하기를 그 색깔이 바로 흙빛이라고 했습니다. 흙으로 돌아갈 때가 가까웠다는 증거입니다. 우리가 천하를 얻고 살아도 결국은 흙으로 돌아갑니다. 아무리 좋은 옷을 입어도 역시 흙 위에 입는 것입니다. 아무리 깨끗하게 씻어도 역시 사람은 흙일뿐입니다.

9. 겉사람에서 속사람으로

그러므로 중요한 것은 사람의 속에 있는 내용입니다. 성경은 말씀하시기를 우리의 겉사람을 질그릇이라고 하셨습니다. 그러므로 그릇이 중요한 것이 아니라 그릇 속에 담겨져 있는 내용이 더 중요합니다.

"우리가 이 보배를 질그릇에 가졌으니 이는 심히 큰 능력은 하나님께 있고 우리에게 있지 아니함을 알게 하려 함이라"(고후 4:7)

성경은 사람 속에는 영혼이 있다고 말씀합니다. 즉 하나님으로부터 온 하나님의 형상이 사람 안에 있습니다. 하나님께서 동물을 만드실 때에는 겉과 속이 차이가 없게 만드셨습니다. 그래서 동물은 보이는 대로 평가하고, 무게만큼 값도 많이 나갑니다. 그러나 사람은 겉과 속을 다르게 만드셨습니다. 하나님께서 사람을 만드실 때 겉사람은 흙으로 만드셨지만 속사람은 하나님의 형상으로 채우셨습니다. 그러므로 겉사람은 잘 생겼어도, 속사람은 아름답지 못할 수도 있습니다. 겉은 부자처럼 보여도 속사람은 가난할 수 있습니다.

질그릇 속에 담아 주신 인간의 인격은 하나님의 큰 선물입니다. 물론 재물, 권세, 가정, 직장, 건강도 선물입니다. 그러나 이런 것들은 모두 배에 실린 화물과 같은 것들입니다. 역사적으로 에이런 비어의 비극은 우리에게 교훈을 줍니다. 그는 프린스턴 대학의 제 2대 총장의 아들로 태어나 독립 전쟁 때 사병에서 중령까지 승진을 했고, 제대 후에는 프린스턴 대학을 나와 변호사와 뉴욕 주의 검찰 총장과 연방 상원 의원을 지내게 됩니다. 그 후 그는 제퍼슨 대통령 때 부통령까지 지내게 됩니다. 그러나 그의 정적 알렉산더 해밀턴을 미워한 나머지 1804년에 마침내 결투를 신청하여 해밀턴을 죽이고 맙니다. 공부도 많이 했고, 돈도 많이 벌었고, 사회적 공헌도 많았지만 그의 인격이 허술했던 것입니다. 그의 인생은 거기서 무너졌습니다. 그는 국내에서 천대받고 영국으로 쫓겨나 나폴레옹에게 핍박을 받은 후 뉴욕으로 돌아와서 비참한 인생을 마치게 됩니다. 이렇듯 겉사람보다 속사람이 중요합니다. 또한 겉사람을 아름답게 가꾸는 것도 중요하지만 속사람을 아름답게 가꾸는 것이 더 중요합니다.

"(3)너희의 단장은 머리를 꾸미고 금을 차고 아름다운 옷을 입는 외모로 하지 말고 (4)오직 마음에 숨은 사람을 온유하고 안정한 심령의 썩지 아니할 것으로 하라 이는 하나님 앞에 값진 것이니라"(벧전 3:3,4)

요즘 시대를 일컬어 이미지 시대라고 말을 합니다. 역사적으로 요즘처럼 이미지에 많은 관심을 가졌던 때도 없었습니다. 공장에서 만드는 상품 하나도 이미지에 따라서 판매량이 좌우됩니다. 어

9. 겉사람에서 속사람으로

떤 인상을 갖느냐 하는 것은 입사 시험에도 결정적인 영향을 준다고 합니다. 그래서 많은 사람들이 자신의 이미지만 좋으면 사회에 잘 적응할 수 있고 성공할 수 있다는 신념을 가지고 있습니다. 그리고 이미지와 관련된 수많은 책들이 판매되고 있습니다. 어떤 분이 여성들의 얼굴화장에 대해서 재미있게 표현을 했습니다. 10대가 화장을 하는 것을 가리켜 치장이라고 하고, 20대가 화장을 하는 것이 진짜 화장이라고 했습니다. 그리고 30대가 화장을 하는 것을 가리켜 분장이라고 하며, 40대가 화장을 하면 그것을 가리켜 변장이라고 한다고 했습니다. 또 50대가 화장을 하는 것을 위장이라고 하고, 60대에서 화장을 하는 것을 포장이라고 했습니다. 70대가 화장하는 것을 가리켜 환장했다고 하며, 80대가 화장을 하는 것을 끝장이라고 부른다고 했습니다.

오늘 이 시대의 불행은 사람을 속사람으로 보지 않는 데 있습니다. 요즈음 갑질 문화가 사회 이슈가 될 때가 많습니다. 이것은 사람을 동물의 기준으로, 물건의 기준으로 사람을 평가하고 있기 때문입니다. 그러나 하나님은 사람을 보실 때에 외모는 보시지 않습니다. 그러므로 우리는 하나님 앞에서는 외모에 대한 열등감을 가져서는 안 됩니다. 나의 외모와 겉모습은 하나님으로부터 은혜를 받고 복을 받는 것과는 전혀 상관이 없습니다.

하루는 하나님께서 사무엘에게 이새의 집에 가서 그의 아들 중에서 하나를 택하여 기름을 부으라고 하셨습니다. 이에 사무엘은 베들레헴에 있는 이새의 집에 가게 됩니다. 그때 이새의 집에는 일곱 아들이 있었는데 그 중에 첫째 아들 엘리압이 가장 인물이 좋고 출중하였습니다. 그래서 사무엘이 그 아들에게 기름을 부으려고 했을 때 하나님께서 허락하시지 않는 것이었습니다. 이렇게 일곱 아들을 사무엘에게 보여주었지만 하나님은 하나같이 허락하지 않는 것이었습니다. 그래서 사무엘이 다른 아들이 없느냐고 이새에게 물었을 때 그는 다윗이라고 하는 여덟 째 아들이 있는데 들에서 양을 치고 있다고 했습니다. 그 때 하나님께서 사무엘에게 아주 중요한 말씀을 하셨습니다.

"여호와께서 사무엘에게 이르시되 그의 용모와 키를 보지 말라 내가 이미 그를 버렸노라 내가 보는 것은 사람과 같지 아니하니 사람은 외모를 보거니와 나 여호와는 중심을 보느니라 하시더라"(삼상 16:7)

결국 사무엘은 다윗에게 기름을 붓게 됩니다. 하나님께서 목동 다윗을 이스라엘의 왕으로 기름 부으신 것은 겉사람보다 속사람이 아름다웠기 때문입니다. 하나님은 우리의 중심을 보십니다. 그러므로 우리가 속사람을 먼저 아름답게 가꾸게 되면 겉사람까지 저절로 복을 받게 됩니다. 항상 속사람이 먼저입니다. 만약 겉사람 위주의 삶을 살게 된다면 겉사람과 속사람 모두 은혜와 복을 받을 수 없습니다.

질그릇에 무엇이 담겨져 있느냐에 따라서 그 사람의 정체성이 결정이 됩니다. 밥을 담았으면 밥그릇입니다. 돈을 담으면 돈그릇이 됩니다. 마찬가지로 우리의 육신 속에 마귀가 자리 잡고 있으면 마귀의 자녀입니다. 그러나 구원받은 하나님의 영이 계시면 질그릇이 아니라 성령이 거하는 성전이 됩니다. 그러므로 우리의 속사람이 잘 되어야 합니다. 속사람은 인간의 노력으로 만들어지지 않는다는 사실을 기억해야 합니다. 반드시 성령께서 도와주셔야만 됩니다. 성령은 강력한 능력의 영이기 때문에 내 속사람을 얼마든지 변화시키고 잘 되게 하실 수 있습니다.

성령은 우리에게 세 가지를 주십니다. 첫째로 즐거움을 주십니다. 그러므로 성령 충만하게 되면 환경에 관계없이 기쁨이 충만해집니다. 사람과 사물에 대한 공포에서 해방되고 어떤 염려에서도 자유로워질 수 있게 됩니다. 둘째로 열정과 생기를 얻을 수 있습니다. 그래서 성령 충만한 사람들은 환경과 운명을 개척해 나가게 됩니다. 셋째로 성령의 역사는 사람에게 위대한 권위를 부여합니다. 목동인 다윗을 왕으로 만든 것도 다윗의 속사람 가운데 성령이 역사하였기 때문입니다.

본문에 성령의 아홉 가지 열매가 소개되고 있습니다. 사랑, 희락, 화평, 참음, 자비, 양선, 충성, 온유, 절제! 너무나 아름다운 열매들입니다. 물론 성령 가운데 거하지 않아도 이런 열매를 맺을 수는 있습니다. 예수를 믿지 않는 세상 사람들 가운데에도 착한 사람은 얼마든지 있습니다. 남을 남다르게 돕는 사람들도 많습니다. 얼마든지 사랑이 있고 친절할 수도 있습니다. 그러나 저들의 행위는 성령으로부터 시작된 것이 아니기 때문에 도덕적인 열매에 불과합니다. 누구든지 수양과 훈련을 통해서 이와 같은 열매를 맺을 수 있습니다. 그러나 반드시 성령을 통하여 받은 은사여야 속사람에게 맺히는 귀한 열매가 됩니다.

진정으로 성령은 우리에게 거룩한 영적 갈망을 주십니다. A. W. 토저는 성령이 충만한 사람의 갈망을 이렇게 표현했습니다. 첫째, 행복해지려는 것보다는 거룩하고자 하는 것이다. 둘째, 자신에게 일시적으로 손실이 올지라도 자기의 생애를 통해 하나님께서 영광 받으시기를 원한다. 셋째, 영적인 사람은 자기의 십자가를 기꺼이 짊어지기 원하는 사람이다. 넷째, 모든 일을 하나님께서 보시는 견해대로 보는 그리스도인이 영적인 사람이다. 다섯째, 영적인 사람은 잘못 살아가기 보다는 바르게 죽겠다는 마음을 가지고 있다. 여섯째, 영적인 사람은 자기가 큰 대가를 치러도 다른 사람이 성장하며 믿음에서 진보되기를 바란다. 결국 이 모든 것은 우리 자신 가운

9. 겉사람에서 속사람으로

데에서 성령께서 역사하셔야만 가능하다고 A. W. 토저는 말했습니다. 결국 성령께서 내 속사람 가운데 자유롭게 움직이실 때 비로소 영적인 그리스도인이 될 수 있습니다. 이것이 하나님께서 원하시는 그리스도인의 자화상입니다.

10.

복잡함에서
단순함으로

사도행전 4장 32~35절

"³²믿는 무리가 한 마음과 한 뜻이 되어 모든 물건을 서로 통용하고 자기 재물을 조금이라도 자기 것이라 하는 이가 하나도 없더라 ³³사도들이 큰 권능으로 주 예수의 부활을 증언하니 무리가 큰 은혜를 받아 ³⁴그 중에 가난한 사람이 없으니 이는 밭과 집 있는 자는 팔아 그 판 것의 값을 가져다가 ³⁵사도들의 발 앞에 두매 그들이 각 사람의 필요를 따라 나누어 줌이라."(행 4:32~35)

오늘 날 현대인들의 삶은 거미줄처럼 복잡하기만 합니다. 무엇을 위해 그렇게 바쁜지 질문을 하면 마땅히 대답할 말이 없습니다. 그러나 현대인들의 바쁨을 분석해 본다면 크게 두 개의 서로 다른 태도를 갖고 사람들이 살아가고 있음을 알 수 있습니다. 하나는 인간의 삶을 기술로 생각하느냐는 것과 또 하나는 목적으로 보느냐 하는 것입니다. 어떤 인생관을 갖고 살아가야 하느냐에 따라서 삶의 태도는 확연히 다르게 됩니다. 인간의 삶의 목적이 기술이라고 한다면 이 세상은 어떻게 될까요? 학교 교육도 한갓 직업을 얻기 위한 기술을 배우는 방편에 불과할 것입니다. 실제로 오늘날 학교 교육이 기능인을 양육하는 데 있다고 해도 과언이 아닙니다. 또 직업이란 돈을 얻기 위한 기술에 불과합니다. 더 나아가 사회적 지위도 자기를 인정받는 기술일 것입니다. 그러나 인간의 삶을 목적에 둔다면 인생관 자체가 그 해석이 넓어지게 됩니다. 교육도 기술을 습득하는 수단이 아니라 능동적으로 이 사회를 주도해 나갈 수 있는 인격인을 만드는 과정일 것입니다.

변두리에서 중심으로

사실 동물도 제 각기 생존의 기술과 교제의 기술, 그리고 새끼를 낳고 기르는 기술을 갖고 있습니다. 그러므로 산다는 것 자체가 성공하기 위한 기술의 개발이라고 생각하는 것은 존귀한 인간으로서의 삶의 가치는 분명히 아닙니다. 그런데 오늘 우리가 사는 이 시대의 비극은 목적보다는 기술을 더 요구한다는데 있습니다. 지금 우리의 사회는 무슨 일이라도 감당할 수 있는 달인을 요구하고 있습니다. 그래서 대학을 졸업한 젊은이들이 취업을 하기 위해서 영양가 없는 자격증을 취득하기 위해 몸부림을 치고 있는 현실입니다.

그리고 인간의 삶의 자리가 너무 복잡해졌고 바빠졌습니다. 아침에 눈을 떠서 잠자리에 들 때까지 무엇인가 열심히 뛰어다녔지만 무엇을 했는지 조차 모를 정도입니다. 이러한 의미 없는 바쁨이 우리의 삶을 더욱 황폐하게 만들고 있다는 사실을 우리는 고민하지 않을 수 없습니다. 특히 이러한 의미 없는 바쁨을 우리는 종말론적으로 이해해 볼 필요가 있습니다. 성경은 그리스도인들의 삶이란 목적을 향하여 그 삶 자체가 단순해야 함을 시종 강조하고 있습니다. 성도의 삶이란 전혀 의미도 없는 액세사리로 치장된 복잡한 삶이 아니라 극히 단순한 삶이어야 한다고 말씀하고 있습니다.

구약 성경은 원본이 히브리어로 되어 있습니다. 히브리어는 오늘날 사어死語가 된 언어입니다. 그래서 신학을 전공하는 분들만 성경을 더 깊이 연구하기 위하여 배우는 정도입니다. 하지만 히브리어를 배우려고 한다면 그렇게 어렵지 않습니다. 그 이유는 어휘가 많지 않기 때문입니다. 우리나라 국어사전을 보거나 영어사전을 보면 단어의 숫자가 수 백만 개도 넘으리라고 봅니다. 왜 이렇게 많은 어휘가 필요할까요? 그것은 각종 분야에 있어서 해야 할 말이 많기 때문입니다. 바로 여기에 히브리어의 어휘가 적은 이유도 있습니다. 그것은 히브리인들에게 있어서 필요한 단어는 하나님을 향한 신앙적 언어밖에 필요하지 않았기 때문입니다. 저들에게는 어떤 과학적인 언어나, 교육적인 언어나, 문화적인 언어 같은 것들이 필요하지 않았습니다. 오직 하나님께 영광을 돌리기 위한 신앙적 언어만 필요했습니다. 이것은 히브리인들의 삶 자체가 얼마나 단순했는가를 알 수 있는 증거입니다. 또한 이것이 그리스도인의 삶의 모습이어야 합니다. 우리가 삶을 기술로 살아가려고 하니까 할 말이 많아지게 되고 따라서 수많은 어휘가 필요하게 됩니다. 만약 하나님의 영광을 위해서만 살아가고자 한다면 우리에게 무슨 어휘가 그렇게 많이 필요하겠습니까?

천재 과학자 뉴튼이 인생 말년에는 심각한 기억 상실증에 걸려서 모든 것을 다 잊어버렸다고 합니다. 자기가 일평생 피땀 흘려 연구한 것도, 심지어는 자기의 수제자의 이름까지 다 잊어버렸다고 합니다. 그래서 선생님의 이런 모습을 바라보며 제자들이 너무 안

타까워 이렇게 물어보았다고 합니다. "선생님, 그러면 기억하고 계시는 것이 무엇입니까?" 그랬더니 뉴튼이 말하기를 "하나는 기억하고 있지… !!" 제자들이 또 묻습니다. "그것이 무엇입니까?" "예수이다"라고 대답했다고 합니다. 그렇습니다. 우리에게 궁극적으로는 예수 한 분이면 되는 것입니다.

원래 신앙인의 삶은 단순할수록 영성이 깊어지게 됩니다. 복잡하고 분주한 것이 능력 있는 삶이라고 착각하면 안 됩니다. 오히려 에너지가 흩어지기 때문에 능력 있는 삶을 살아갈 수 없습니다. 그런데 오늘 우리의 삶은 너무 복잡하고 분주하기 이를 데 없습니다. 그리고 그 바쁨이 그 사람의 능력으로 치부되고 있는 현실입니다. 성경에 보면 위대한 사역을 했던 사람들의 공통적인 특징은 그들의 삶 자체가 간결했다는 사실입니다. 모세는 양을 치고 있을 때 부르심을 받았습니다. 기드온은 밀을 타작하고 있을 때, 엘리사는 소 열두 마리로 밭을 갈고 있을 때 부름을 받았습니다. 느헤미야는 왕의 심부름으로 열심히 뛰고 있을 때 부르심을 받았고, 아모스는 양을 치다가, 또 베드로와 안드레는 고기를 잡는 중에, 야고보와 요한은 그물을 깁고 있을 때, 월급쟁이 마태는 세관에 앉아서 열심히 근무를 하는 가운데 부름을 받게 됩니다.

그리고 저들은 하나님으로부터 부름을 받았을 때는 복잡하게 고민하지 않았습니다. 부르시는 그 자리에서 저들의 삶의 자리를 정리하고 사명의 자리로 나섰습니다. 베드로는 그 자리에서 배와 그물을 버리고, 마태는 그 자리에서 사표를 쓰고 주님을 따라나섰습니다. 그리고 저들은 그 부르심의 길에서 자기의 삶을 마감했습니다. 저들의 삶은 이렇게 간단했습니다.

아주 오래 전 어느 지역에서 저에게 연합부흥회를 인도해 달라고 요청이 왔습니다. 전도지를 제작하려고 하는지 저에게 사진과 이력 사항을 보내달라고 했습니다. 그래서 이력사항의 내용을 한 줄만 보냈더니 총무 목사님에게 전화가 왔습니다. 이력서를 더 자세하게 써달라고 했습니다. 그래서 그것이 전부라고 했습니다. 흔히 부흥사들을 보면 사진 밑에 얼마나 화려한 이력 사항이 깨알같이 기록되어 있는지 모릅니다. 그것은 선전효과일 뿐 아무 의미는 없습니다. 솔직히 저의 이력 사항은 30여 년 동안 한 교회에서 목회를 하고 있다는 한 줄 뿐입니다. 한 번도 다른 일을 해 본 적이 없습니다. 또한 앞으로도 이력서 한 칸을 더 채우려고 노력도 하지 않을 것입니다. 왜 오늘날 목회자의 이력서가 이렇게 화려해져야 할까요? 그것은 교회가 기능적 차원에서 목회자를 구하기 때문일지도 모릅니다.

본문은 초대교회에서 있었던 일입니다. 오순절 성령강림 사건이 있은 후 믿는 자들의 숫자가 폭발적으로 늘어나기 시작했습니다. 그래서 결국 예루살렘에 교회가 생기게 되었습니다. 그런데 초대교회 성도의 신앙 생활하는 모습이 본문에서 소개되고 있습니다.

"믿는 무리가 한 마음과 한 뜻이 되어 모든 물건을 서로 통용하고 자기 재물을 조금이라도 자기 것이라 하는 이가 하나도 없더라."(행 4:32)

여기에 보면 초대교회 성도들의 삶 자체가 아주 단순화되어 있다는 사실을 알 수 있습니다. 세 가지 측면에서 단순해졌습니다.

그 첫 번째가 물질생활의 단순화입니다. 본문을 보면 물질에 대한 소유욕 그리고 물질을 쌓아놓으려는 마음이 없었습니다. 네 것 내 것이 없었습니다. 인간에게 있어서 물질은 절대적인 것입니다. 그러나 물질은 필요한 만큼만 있으면 됩니다. 인간의 삶이 복잡해지는 이유는 물질 때문에 이해관계가 걸려 있어서입니다. 그런데 초대교회 성도들은 물질생활에 있어서 아주 단순했다는 사실입니다.

두 번째로, 신앙의 단순화입니다. 본문을 보면 모든 사람의 삶의 중심이 예배중심이었음을 발견하게 됩니다. 저들은 매일 모여 예배하고, 찬양하고, 나누고, 떡을 떼었다고 했습니다. 학자들은 저들이 매일 성만찬을 나누었다고 말을 합니다. 한 마디로 저들은 신앙생활을 복잡하게 하지 않았습니다. 저들에게는 오늘 이 시대의 교회와 같이 어떤 특별 프로그램도 없었습니다. 저들에게는 오직 예배가 전부였습니다. 너무나 간단한 것이었습니다. 하지만 저들에게는 영성이 있었고 능력이 있었고 성령의 역사가 있었습니다. 믿는 자의 숫자가 점점 늘어나기 시작했습니다. 온갖 기적의 역사가 일어났습니다. 오늘날 교회가 능력이 없는 이유는 너무 복잡해서 그런 것은 아닌지 고민해 보아야 할 것입니다.

세 번째로 생활의 단순화입니다. 본문을 살펴보면 저들의 생활 자체가 예배였음을 발견하게 됩니다. 저들은 다른 일을 하지 않았습니다. 성도는 세 가지 생활 축에서 벗어나면 안 됩니다. 첫째는 가정입니다. 그리고 둘째는 직장입니다. 셋째는 교회입니다. 이것이 초대교회 성도들의 모습이었습니다. 그러면 초대교회 성도들이 이런 단순한 삶을 살 수 있게 한 원동력은 무엇이겠습니까? 그것은 강력한 종말신앙이었습니다. 당시 상황이란 예수님께서 감람산에서 제자들이 보는 가운데 하늘로 승천하신 지가 얼마 되지 않은 상황이었습니다. 그 때 예수님은 구름을 타고 올라가시며 몇 날 안 되어 이 모습 이대로 다시 오시겠다고 약속을 하셨습니다. 그러므로 초대교회 성도들은 얼마 있지 않아 주님이 다시 재림하실 줄로 확신 했습니다. 이런 임박한 종말신앙이 저들의 삶을 단순하게 만들었습니다.

며칠 있으면 주님이 재림하시게 된다는 상황을 생각해 본다면, 오늘 내가 해야 할 일이 복잡해야 할 이유가 없어집니다. 만약 시한부 인생을 사는 분이 있다면 그 분의 삶은 그렇게 복잡하지 않을 것입니다. 그야말로 아주 깨끗하게 정리된 단순한 삶을 살 수밖에 없음은 당연한 일입니다. 솔직히 오래 살 것이라고 생각하기 때문에 복잡해지는 것입니다.

어떤 분이 저에게 읽을 만한 좋은 책을 소개해 달라고 했습니다. 그래서 제가 이렇게 대답했습니다. "말세가 되었는데 무슨 읽을 책이 그렇게 많겠습니까? 성경책이나 열심히 읽으십시오."라고 했습니다. 러시아의 문호 톨스토이는 이런 세 가지 질문을 했습니다. 첫째, 인생에서 가장 중요한 때는 언제인가? 둘째, 인생에서 제일 중요한 사람은 누구인가? 셋째, 인생에서 제일 중요한 일은 무엇인가? 이에 대한 대답은 "바로 중요한 때는 지금이고, 가장 중요한 사람은 지금 만나는 사람이며, 가장 중요한 일은 지금 하고 있는 일이다."라고 했다고 합니다.

예수님께서 베다니 동네 마르다의 집에 심방을 가셨을 때에 마르다는 주님을 위해 부엌에서 준비하는 일이 많아 분주했습니다. 그러나 마리아는 예수님의 무릎 앞에 앉아서 말씀을 듣는 일에 열중을 했습니다. 마르다는 이런 마리아의 모습을 불쾌해 했습니다. 그 때 예수님께서 마르다에게 하신 말씀을 주목해야 합니다.

"(41)주께서 대답하여 이르시되 마르다야 마르다야 네가 많은 일로 염려하고 근심하나 (42)몇 가지만 하든지 혹은 한 가지만이라도 족하니라 마리아는 이 좋은 편을 택하였으니 빼앗기지 아니하리라 하시니라"(눅 10:41,42)

커밍 워크라는 사람은 성공의 요인을 네 가지로 요약해서 말한 적이 있습니다. 첫째는 지능이 높아야 하며, 둘째는 지식이 있어야 하며, 셋째는 기술이 좋아야 하며, 넷째는 태도를 올바르게 해야 한다고 했습니다. 그런데 이 네 가지 요인 중에서 성공적인 삶에 대하여 적어도 93% 이상 결정적인 영향을 주는 것은 바로 '태도'라고 하였습니다.

그렇습니다. 지금은 많은 것으로 분주하고 염려할 때가 아닙니다. 가치 있는 단 한 가지 일에 우리의 삶을 정리할 수 있는 태도가 필요합니다. 그 이유는 임박한 종말의 때를 우리가 살아가고 있기 때문입니다.

11.

체면에서
품위로

사도행전 16장 19~34절

"²⁸바울이 크게 소리 질러 이르되 네 몸을 상하지 말라 우리가 다 여기 있노라
하니 ²⁹간수가 등불을 달라고 하며 뛰어 들어가 무서워 떨며 바울과 실라 앞에
엎드리고 ³⁰그들을 데리고 나가 이르되 선생들이여 내가 어떻게 하여야 구원을
받으리이까 하거늘 ³¹이르되 주 예수를 믿으라 그리하면 너와 네 집이 구원을
받으리라 하고 ³²주의 말씀을 그 사람과 그 집에 있는 모든 사람에게 전하더라."

(행 16:28~32)

우리나라 옛말에 "양반은 얼어 죽어도 겻불은 안 쬐인다."라는 말이 있습니다. 그런가 하면 "양반은 물에 빠져 죽어도 개헤엄은 안 친다."라는 말도 있습니다. 그 이유는 체면 때문입니다. 특히 우리나라는 체면이 강한 민족입니다. 물론 체면이 중요하지만 이 체면 때문에 손해 보는 일이 많다면 고민해 보아야 할 일입니다. 사실 체면 하나만 없어도 우리에게 할 일이 너무 많다는 사실입니다. 대학을 나왔다는 그 체면 때문에 아무 일이나 할 수 없습니다. 직장에서 높은 지위에서 근무했었다는 체면 때문에 은퇴를 한 이후에도 마땅히 할 일이 없습니다. 더 심각한 것은 그 체면 때문에 은혜를 못 받는 경우도 얼마나 많은지 모릅니다. 은혜의 보좌 앞으로 나아가는 길을 가로 막는 최고의 장애물은 역시 체면입니다. 체면 하나만 내려놓아도 받을 은혜가 너무 많습니다.

누가복음 19장에 보면 삭개오라는 사람이 소개되고 있습니다. 그는 로마의 세리장이었습니다. 요즘으로 말하면 세무서장 정도 되

변두리에서 중심으로

는 인물일 것입니다. 그러나 그는 백성들로부터 외면을 당한 채 고독한 인생을 살 수밖에 없었습니다. 그러던 어느 날 예수님께서 자기가 사는 동네에 오신다는 소문을 듣고 그는 주님께 달려갔습니다. 그 만큼 말 못할 삭개오만의 심각한 고민이 있었음이 분명합니다. 하지만 키가 매우 작았던 그는 무리를 헤치고 주님 가까이 접근할 수가 없었습니다. 어쩔 수 없이 삭개오는 돌감람나무 위로 올라가는 방법을 선택합니다. 이런 행위는 체면상 세리장이 할 수 있는 일이 아닙니다. 하지만 그 사건은 삭개오에게 있어서 인생이 변화되는 결정적인 계기가 되었습니다. 예수님은 나무 위에 올라가 있는 삭개오를 발견하셨고, 그 날 예수님은 삭개오의 집에서 일박을 하시게 되었습니다. 그리고 그 날 삭개오는 예수님을 영접하고 구원을 받게 되었습니다. 만약 삭개오가 세리장이라는 체면 속에 갇혀 있었더라면 이와 같은 은혜를 받을 수 없었을 것입니다.

체면과 품위는 비슷한 말 같지만 같은 말이 아닙니다. 체면이란 알맹이 없이 형식만 있는 것을 말합니다. 폼form만 잡았지 그 내용이 없는 것입니다. 그러나 품위라고 하는 것은 그 형식 속에 인격이 담겨 있는 것을 말합니다. 그러므로 체면은 언제나 위선과 권위주의로 발전이 되지만, 품위는 언제나 권위로 발전이 됩니다. 권위와 권위주의는 다릅니다. 하나님을 믿는 성도들은 권위가 있어야 합니다. 그러나 권위주의는 배격해야 합니다. 권위주의란 권위가 없는 사람이 권위가 있는 것 처럼 시늉을 하는 것을 말합니다.

예수님을 보십시오. 겉모습을 보면 존경할 데가 한 군데도 없었습니다. 가난한 유대 마을 나사렛 목수의 아들이니 그 행색이 얼마나 초라했겠습니까? 그렇지만 예수님 속에는 하나님의 신성이 있었습니다. 그래서 말씀의 권위가 있었습니다. 귀신이 쫓겨나가고, 병든 자가 일어나고, 온갖 기적이 일어났습니다. 수많은 사람들이 예수님의 그 권위를 존경하여 구름떼처럼 따라다녔으며, 또한 그 권위 앞에 굴복을 했습니다.

그러나 바리새인들을 보십시오. 저들은 당시에 유력한 종교가였습니다. 저들은 화려하고 좋은 옷을 입었습니다. 그리고 철저한 종교생활을 했습니다. 그럼에도 불구하고 저들의 속에는 인격이 담겨져 있지 않았습니다. 때문에 저들은 무슨 일을 하든지 다 위선이었습니다. 예수님은 저들을 향해서 회칠한 무덤이라고 책망하셨습니다. 그런가 하면 바울은 외모가 보잘 것이 없었다고 전해집니다. 키는 난쟁이였고 다리는 안짱다리였다고 합니다. 거기에다가 말은 어눌했습니다. 아울러 몸에는 불치의 병을 갖고 살았습니다. 이러한 이유로 고린도 교회에서 바울의 사도권을 의심했던 사실을 성경에서 확인할 수 있습니다. 그러나 이러한 바울의 초라한 외모 속에는 그리스도의 사랑이 있었고, 사명이 있었고, 하나님의 능력이 함께

변두리에서 중심으로

하고 있었습니다. 그래서 바울이 가는 곳마다 복음의 기적이 일어났고, 바울을 만나는 사람마다 그 앞에 머리를 숙였습니다. 이것이 성도가 가져야 할 품위입니다.

특히 성도에게 있어서 중요한 것은 하나님의 사람다운 품위입니다. 사실 성도에게 있어서 품위를 빼면 남는 것은 껍데기뿐입니다. 내 속에 하나님의 능력이 함께 하고 있다는 것이 외적인 증거로 나타나야 합니다. 그런데 그 외적인 증거가 바로 성도의 품위입니다. 이 품위를 갖고 있으면 누구에게든지 존경을 받을 수 있습니다. 사실 성도다운 품위가 없기 때문에 세상 사람들로부터 손가락질을 당한다고 해도 과언이 아닙니다. 잠언 22장 1절에 보면 아주 중요한 말씀을 하고 있습니다.

"많은 재물보다 명예를 택할 것이요 은이나 금보다 은총을 더욱 택할 것이니라."(잠 22:1)

'명예'라는 말이 좋지 못한 의미로 들리기 쉽습니다. 그러나 '명예'는 성도의 생명과 같은 것입니다. 수많은 재물보다 귀한 가치입니다. 그러나 '명예욕'은 사탄의 유혹입니다. 성경에서 '명예'란 성도의 '품위'와 뜻을 같이 합니다.

11. 체면에서 품위로

본문의 주인공은 바울과 실라입니다. 우리는 이 두 사람의 성도다운 품위를 주목해 보아야 합니다. 바울과 실라가 빌립보 지방에 처음 갔을 때 한 여종을 만나게 됩니다. 그 여종은 귀신이 들려 점을 쳐서 번 돈을 자기 주인에게 갖다 바치곤 했습니다. 오늘 날 앵벌이였습니다. 이 때 바울과 실라가 이 여종에게 소리를 쳤습니다. "예수 그리스도의 이름으로 내가 네게 명하노니 그에게서 나오라" 그러자 귀신이 소리를 지르면서 즉시 그 여종에게서 나왔습니다. 그런데 귀신들린 이 여종을 통해서 돈을 긁어모았던 주인이 자기의 밥줄이 끊어지게 되자 바울과 실라를 거짓 고소하여 감옥에 가두어 버린 것입니다.

　세상에 억울한 일이 많습니다만 이처럼 억울한 일이 어디 있습니까? 표창장은 아니더라도 투옥이 된다는 것은 참을 수 없는 일입니다. 그러나 우리는 세상에서 대접을 받을 생각은 하지 말아야 합니다. 역사 이래로 복음이 대접받은 적은 없었습니다. 그러므로 복음적인 삶을 살려고 한다면 고난을 각오해야 합니다. 그런데 놀라운 사실은 고난을 통해서만 진동하는 향기가 있습니다. 그것은 성도의 품위입니다. 바울도 이러한 억울한 일을 당하면서 인간적으로 시도할 수 있는 일이 많았을 것입니다. 특히 바울은 로마 시민권을 갖고 있는 사람이었습니다. 그러므로 재판을 거치지 않고 로마 시민권자를 감옥에 가두는 일은 로마의 실정법을 심각하게 위반하는 일입니다. 하지만 바울은 로마 시민권을 사용하지 않았습니다. 바울과 실라는 저들이 때리는 대로 다 맞았습니다. 그리고 아무 저항 없이 감옥에 들어갔습니다. 그러나 바울과 실라는 그 감옥에서 오히려 찬송하며 기도를 했다고 했습니다. 이런 일들은 아무나 할 수 있는 일이 아닙니다. 이것이 바로 그리스도인의 품위입니다.

세계사에 보면 1618년부터 30년 동안 유럽 대륙을 초토화시켰던 30년 전쟁이라는 무서운 전쟁이 있었습니다. 우리가 생각하기에는 모든 사람들이 원망과 자학과 절망 속에서 헤어나지 못했을 것이라고 생각이 됩니다. 그러나 놀라운 사실은 그 무서운 전쟁의 소용돌이 속에서 역사적으로 가장 은혜로운 찬송들이 제일 많이 쏟아져 나왔다는 사실입니다. 17세기 뮈첼이라는 음악가가 그 때 나왔던 찬송을 수집해 보니 무려 55,000곡 이었다고 합니다. 고난 속에서 찬송하고 기도할 수 있는 사람 속에 성도의 품위가 있습니다. 그래서 성도의 품위는 평화로울 때보다 고난의 때에 더 고귀한 진면목을 드러냅니다.

이렇게 바울과 실라가 찬송과 기도를 계속 할 때 한 밤중에 감옥소 안에서 놀라운 일들이 벌어지게 됩니다. 갑자기 땅이 흔들리더니 묶였던 차꼬가 풀리며 감옥소 문이 열리는 것이었습니다. 이 상황에서 제일 절망한 사람은 감옥 문을 지키는 간수였습니다. 당시

11. 체면에서 품위로

로마법에는 간수가 죄수를 놓칠 경우 그 죄수의 형량만큼의 형을 간수가 대신 받도록 되어 있었습니다. 그러므로 그는 감옥 안에 수감되어 있던 죄수들이 모두 도망했을 것으로 생각하고 그는 스스로 목숨을 끊으려고 했습니다. 특히 바울만큼은 놓쳐서는 안 되는 중요한 죄수였습니다.

일반적으로 이런 상황이 오게 되면 나름대로 자기 입장에서 생각하는 것이 인지상정입니다. 예를 들면 "하나님께서 피할 길을 이렇게 열어주시는구나"하고 도망을 가게 됩니다. 도망을 한다고 해서 양심에 가책될 일도 없습니다. 왜냐하면 바울의 입장에서 보면 죄를 지어서 감옥에 들어온 것이 아니기 때문입니다. 이러한 상황은 도망을 한다고 해서 누구도 이의를 제기할 수 없는 절대적 상황입니다. 때문에 열이면 열 사람 모두 도망을 했을 것입니다. 간수가 자결을 시도했던 것도 그러한 판단을 했기 때문입니다.

만약 바울과 실라가 보통 사람들의 예상처럼 도망을 했다고 가정해 보십시오. 그 모습이야말로 대사도와는 전혀 어울리지 않는 처신입니다. 혹시 모든 죄수가 다 도망을 갔어도 비겁하게 도망가지 않는 그 모습이야말로 성도의 품위요 권위라고 할 수 있을 것입니다. 간수가 정신을 차리고 보니 당연히 도망가야 했을 바울과 실라가 도망가지 않고 있습니다. 이 품위 앞에서 간수가 거꾸러지게

변두리에서 중심으로

됩니다. 그리고 드라마틱한 구원의 역사가 그 감옥에서 일어나게 되었습니다. 간수는 바울에게 말했습니다. "우리가 어떻게 해야 구원을 얻을 수 있습니까?" 바울은 말했습니다. "주 예수를 믿으라. 그리하면 너와 네 집이 구원을 얻으리라" 그 날 그 간수의 집이 예수를 영접하고 구원을 얻게 되었습니다. 만약 바울과 실라가 도망을 했더라면 그 간수는 자결을 했을 것이고 빌립보 교회는 탄생되지 못했을 것입니다.

우리가 살다보면 절호의 기회라고 생각되는 때가 가끔 찾아옵니다. 일생에 한 번 올까 말까한 기회가 나에게 옵니다. 그러할 때 중요한 것은 성도의 품위를 잃지 말아야 한다는 사실입니다. 품위는 성도의 자존심입니다. 성경에서 세상 앞에 우뚝 섰던 믿음의 조상들의 특징은 하나같이 하나님의 사람으로서의 품위를 갖고 있었다는 사실입니다. 요셉은 애굽에서 노예 신분이었지만 하나님의 백성으로서의 품위를 잃지 않았습니다. 그 품위 앞에 애굽의 바로도 꼼짝할 수 없었습니다. 다니엘도 포로 신분이었지만 하나님의 품위를 잃지 않았습니다. 그 품위 앞에 바벨론의 느부갓네살도 무릎을 꿇었습니다. 이렇게 품위는 중요합니다.

우리는 직분 때문에 품위가 있는 것은 절대로 아닙니다. 그런데 왜 직분에 집착을 하는 성도들이 그렇게 많은지 알 수 없습니다. 성

11. 체면에서 품위로

도에게는 무엇보다도 하나님의 사람다운 품위가 있어야 하나님의 사람입니다. 품위가 있는 성도가 머물고 있는 곳에는 새로운 역사가 반드시 일어납니다. 성도가 세상 사람인지 그리스도인인지 구별이 안 될 정도로 애매모호한 삶을 살기 때문에 복음의 능력이 발휘되지 않습니다.

예수님은 우리와 같은 인간의 몸을 입고 이 땅에 오셨습니다. 때문에 온갖 멸시와 천대를 받으셔야만 했습니다. 그러나 예수님은 하나님의 아들로 그 신성한 품위가 있었습니다. 그 품위는 능력이었고 모든 것을 지배할 수 있는 권위였습니다. 우리가 진정 그리스도인이라고 한다면 그와 같은 품위가 우리에게 있어야 합니다. 체면과 품위를 혼동하지 말아야 합니다. 품위가 없는 체면은 바리새인의 모습입니다. 우리 주님이 제일 싫어하시는 것은 외식입니다. 이제 우리는 체면을 버리고 품위를 가져야 합니다. 이제 온전한 그리스도인으로 세상 앞에 품위 있는 그리스도인으로 설 수 있기를 바랍니다.

12

광야에서
가나안으로

고린도전서 10장 1~5절

"¹형제들아 나는 너희가 알지 못하기를 원하지 아니하노니 우리 조상들이 다 구름 아래에 있고 바다 가운데로 지나며 ²모세에게 속하여 다 구름과 바다에서 세례를 받고 ³다 같은 신령한 음식을 먹으며 ⁴다 같은 신령한 음료를 마셨으니 이는 그들을 따르는 신령한 반석으로부터 마셨으매 그 반석은 곧 그리스도시라 ⁵그러나 그들의 다수를 하나님이 기뻐하지 아니하셨으므로 그들이 광야에서 멸망을 받았느니라"(고전 10:1~5)

우리가 살다보면 이럴 수도 없고 저럴 수도 없는 난처한 입장에 놓일 때가 많습니다. 이 난처한 입장을 가리켜 중간지대라고 할 수 있습니다. 중간지대는 어느 곳이든지 존재합니다. 가정에서도 중간지대가 있습니다. 고부간에 갈등이 있을 때 남편의 위치는 곤란해집니다. 어머니 편을 들면 아내가 힘들어 하고, 또 아내 편에 서게 되면 이번에는 어머니께서 섭섭해 하십니다. 그렇다고 양쪽 편을 모두 들어줄 수도 없습니다. 이 남편이야말로 중간지대에 서 있는 사람입니다.

이스라엘 민족이 출애굽을 했습니다. 하나님께서는 출애굽한 이스라엘 백성을 곧바로 가나안으로 인도하신 것이 아니라 광야에 머물게 하셨습니다. 그런데 이 광야는 애굽과 가나안 사이에 있었던 중간지대였습니다. 언제나 중간지대는 우리로 고민하게 합니다. 그래서 출애굽한 이스라엘 백성들의 모습을 보아도 양면성을 모두 갖고 있음을 알 수 있습니다. 이것이 중간지대에 머물러 있는 사람들의 특징입니다. 애굽의 요소도 가지고 있었지만 동시에 가나안의 요소도 갖고 있었습니다. 이스라엘 백성이 출애굽을 하기는 했지만 애굽의 본성을 아직 그대로 가지고 있었습니다. 400여 년 동안 애굽에 살면서 체질화된 노예근성은 하루아침에 청산되지 않습니다. 그 모습 그대로 저들은 광야로 나오게 되었습니다. 성경에 보면 광야에 머문 이스라엘 백성들은 원망, 우상숭배, 반역, 음란 등 수많은 악행을 저질렀습니다. 이런 것들이 어디서 비롯된 행동이겠습니까? 한 마디로 애굽에서 체질화된 것들입니다. 이것이 광야라고 하는 중간지대에 머물고 있는 이스라엘 백성의 자화상이었습니다.

그런데 아이러니컬한 것은 광야에 있는 이스라엘 백성은 동시에 하나님의 말씀을 듣기도 하고, 하나님께 제사를 드리기도 하면서 가나안에서 하게 될 신령한 생활들을 하고 있었다는 사실입니다. 그러나 저들이 신령한 생활을 한다고 해서 광야가 가나안 땅이 되는 것은 아닙니다. 이렇듯 애굽과 가나안의 모습이 함께 공존하는 특징을 가진 곳이 중간지대인 광야였습니다.

성경은 이 땅위에 있는 교회를 광야로 말씀합니다. 특히 스데반 집사는 광야교회라는 표현을 했습니다.

"시내 산에서 말하던 그 천사와 우리 조상들과 함께 광야 교회에 있었고 또

살아 있는 말씀을 받아 우리에게 주던 자가 이 사람이라"(행 7:38)

이렇듯 오늘 우리들의 교회는 광야입니다. 그러므로 교회에는 애굽이 아니면서도 애굽의 많은 요소를 가지고 있습니다. 그리고 천국이 아니면서도 천국의 모습도 많이 갖고 있습니다. 그야말로 교회는 분명히 중간지대입니다. 많은 사람들이 교회를 향하여 손가락질을 하고 비방을 합니다. 그것은 교회의 속성을 모르기 때문입니다. 교회는 천국이 아닙니다. 교회가 천국이면 주님이 이 땅에 재림하실 이유가 없습니다. 교회란 세상 보다는 좀 낫지만 아직 천국은 아닙니다. 그야말로 교회는 중간지대입니다. 우리는 사도 바울의 고백에 귀를 기울일 필요가 있습니다.

"(21)그러므로 내가 한 법을 깨달았노니 곧 선을 행하기 원하는 나에게 악이 함께 있는 것이로다 (22)내 속사람으로는 하나님의 법을 즐거워하되 (23)내 지체 속에서 한 다른 법이 내 마음의 법과 싸워 내 지체 속에 있는 죄의 법으로 나를 사로잡는 것을 보는도다"(롬 7:21~23)

자기는 선을 행하기 원하지만 동시에 악이 함께 있다고 했습니다. 예수를 믿고 새 사람으로 거듭났지만 아직도 악의 요소가 남아 있어서 바울을 괴롭히고 있습니다. 출애굽은 했지만 완전히 애굽을 청산하지 못한 것과 같습니다. 육신적 출애굽은 했을지 모르지만 정신적 출애굽은 아직 안 된 상태입니다. 분명 나는 구원을 받았지만 나를 끌고 가는 또 하나의 법이 있습니다. 몸 하나에 두 가지 법이 동시에 존재하고 있으니 고민이 아닐 수 없습니다.

그러므로 내가 오랜 세월 신앙생활을 하면서 직분까지 가졌다고 하여, 또한 은사를 체험했다고 하여 자신만만해 하면 안 됩니다. 그 이유는 나는 여전히 광야에 있는 사람이지 가나안에 있는 사람이 아니기 때문입니다. 다 된 것도 아니고 전혀 안된 것도 아닌 중간지대에 머물러 있는 것이 지금 나의 진정한 모습입니다.

그러나 이 광야에서 넘어지지 않고 복되게 살아가는 길이 있습니다. 중간지대가 고민하게 하는 현장이기는 하지만 그렇다고 중간지대가 나쁜 곳은 아닙니다. 다만 공존지대일 뿐입니다. 이 중간지대에는 엄청난 하나님의 은혜가 함께 하고 있습니다. 동시에 중간지대에는 마귀의 유혹도 있습니다. 그래서 유혹에 끌리면 다시 애굽으로 내려가게 되지만, 은혜를 받으면 가나안으로 가게 됩니다. 우리가 애굽으로 기울지만 않으면 엄청난 은혜와 복을 받을 수 있는 곳이 광야입니다. 구름기둥, 불기둥, 만나와 메추라기, 반석의 생수는 광야에서만 받을 수 있는 은혜입니다.

본문을 통해서 우리는 이스라엘 백성들을 거울삼아야 한다고 말씀합니다. 출애굽했다고 해서 구원을 받았다고 생각하면 큰일입니다. 본문 5절에 보면 "그러나 그들의 다수를 하나님이 기뻐하지 아니하셨으므로 그들이 광야에서 멸망을 받았느니라."고 하였습니다. 이스라엘 백성이 출애굽을 한 다른 이유는 존재하지 않습니다. 오직 가나안에 가기 위해서입니다. 그런데 광야에서 멸망 받는다면 출애굽의 의미가 없어집니다. 차라리 애굽에서 먹고 마시며 제멋대로 살다가 죽는 것이 훨씬 현명한 일입니다. 광야에서 죽기 위해 출애굽까지 할 필요는 없습니다.

> "이러한 일은 우리의 본보기가 되어 우리로 하여금 그들이 악을 즐겨 한 것 같이 즐겨 하는 자가 되지 않게 하려 함이니"(고전 10:6)

우리는 이스라엘 백성의 출애굽 사건을 거울삼는 지혜가 있어야 합니다. 우리가 교회를 다닌다고 해서 구원을 받았다고 생각하면 큰일입니다. 교회를 다니면서도 구원받지 못하는 사람이 너무 많습니다. 우리가 교회를 다니는 이유는 단지 세상에서 복 받고 잘 살기 위해서는 아닙니다. 교회에 다니는 목적은 하나밖에 없습니다. 그것은 구원받고 천국에 가기 위해서입니다. 우리가 구원받지 못할 바에는 차라리 교회에 다니지 않는 것이 더 현명한 판단입니다. 지옥에 가기 위해서 교회까지 다닐 필요는 없습니다.

또한 우리가 신앙생활하면서 조금이라도 마음의 경계를 놓으면 안 됩니다. 언제 어떤 모습으로 애굽의 본성이 나를 지배할지 모르기 때문입니다. 성경은 모세를 세상에서 가장 온유한 사람이라고 평가하고 있습니다.

"이 사람 모세는 온유함이 지면의 모든 사람보다 더하더라"(민 12:3)

여기서 '온유'라는 말은 '길이 들여졌다'라는 뜻입니다. 원래는 야생기질을 갖고 있는 사람인데 길이 들여져 온순해졌다는 말입니다. 그러나 길이 들여졌을 뿐이지 야생기질이 완전히 빠진 것은 아닙니다. 상황이 되면 옛날 야생기질이 드러날지 모릅니다.

모세를 보십시오. 그렇게 온유했던 사람이었지만 모세가 시내산에 올라가 40일을 금식하며 하나님으로부터 십계명을 돌판에 받아가지고 내려왔을 때, 이스라엘 백성들은 산 밑에서 금송아지를 만들어 우상숭배를 하고 있었습니다. 이 때 모세는 그 귀한 돌판을 우상을 향해 던졌습니다. 그 돌판은 산산조각이 나고 말았습니다. 이렇듯 모세가 아무리 온유하다고 해도 아직 죽지 않은 혈기가 남아 있었습니다.

또 백성들이 므리바에서 먹을 물을 달라고 원망을 하자 하나님은 모세에게 반석을 명하여 물을 내라고 했습니다. 그런데 모세는

화가 치민 나머지 오른 손에 들고 있던 지팡이로 반석을 두 번이나 내리치게 됩니다. 결국 이 일로 말미암아 모세는 그렇게 가고 싶었던 가나안 땅을 밟지 못하게 되었습니다. 모세가 그 옛날 바로 궁궐에서 도망 나올 때 사람을 죽였던 그 혈기는 아직 그대로 모세의 인격 속에 잠재되어 있었습니다.

중간지대는 내가 어느 쪽으로 기우느냐에 따라서 나의 삶이 달라지는 특징이 있습니다. 내가 애굽에서 점점 멀어지면 가나안은 그 만큼 나에게 가까이 다가옵니다. 그러나 내가 애굽으로 가까워지게 되면 가나안은 나에게서 점점 멀어지게 됩니다. 마찬가지로 내가 교회에 가까워지면 그 만큼 세상과는 멀어지게 되지만, 세상 쪽으로 가까이 가게 되면 천국은 나에게서 점점 멀어집니다. 그러므로 우리는 부단히 가나안으로 가기 위해 노력을 해야 합니다. 항상 기뻐해야 하고, 범사에 감사하고, 쉬지 않고 기도하면서 이 중간지대를 극복해 나가야 합니다.

이 중간지대를 신학적으로 불완전 성화라고 부릅니다. 우리는 가나안에서의 완전성화를 소망하지만 이 육신을 입고 이 세상을 사는 한 우리는 완전한 성화의 단계에 들어갈 수 없습니다. 우리는 아직도 육신의 소욕에 지배를 받고 있습니다. 아직도 배가 고프고, 가지고 싶은 것도 많습니다. 그러나 가나안이 가까워 오면서 점점 가나안 백성으로 만들어져 가고 있음을 알아야 합니다. 성도는 만들어진 사람이 아니라 만들어져 가고 있는 사람입니다. 확실히 다 된 것이 아닙니다. 그러나 점점 성령의 인도하심으로 하나님의 은혜를 체험하면서 하나님의 백성으로 만들어져 가고 있습니다.

겨울 철 하늘에서 내리는 함박눈은 우리 모두를 기쁘게 합니다. 어떤 눈송이는 다이아몬드처럼 광채가 나고, 어떤 것은 레이스로 된 꽃병 받침 같기도 합니다. 이 눈송이는 산소와 수소 분자로 구성되었고 모두 육각으로 되어 있다고 합니다. 그런데 이 눈송이에는 하나의 신비가 있습니다. 눈송이 한 가운데에는 예외 없이 이물질이 들어있다고 합니다. 그 이유는 대기 중에 떠돌아다니는 먼지나 이물질 주변에 물방울이 엉겨 붙어 눈송이를 형성하기 때문입니다. 이 이물질은 십만 분의 일 밀리미터도 안 될 정도로 매우 작지만 이것이 없이는 그 아름다운 눈송이가 생겨나지 않는다고 합니다. 이것이 광야와 같은 세상에서 살고 있는 성도들의 모습입니다. 완전히 거룩해지지는 않았지만 하얀 눈송이처럼 아름다워지는 것입니다.

"내가 천성 바라보고 가까이 왔으니 아버지의 영광 집에 나 쉬고 싶도다. 나는 부족하여도 영접하실 터이니 영광나라 계신 임금 우리 구주 예수라"(찬송가 493장) 그렇습니다. 하늘가는 밝은 길이 우리 앞에 있습니다. 우리는 다시 애굽으로 돌아갈 수 없는 사람들입니다. 언젠가 우리가 머물고 있는 중간지대는 끝이 날 것입니다. 우리는 비록 연약하지만 영광나라 계신 우리 주님께서 우리를 영접해 주실 줄 믿습니다.

13.

실패자에서
승리자로

마태복음 27장 3~5절

"³그 때에 예수를 판 유다가 그의 정죄됨을 보고 스스로 뉘우쳐 그 은 삼십을 대제사장들과 장로들에게 도로 갖다 주며 ⁴이르되 내가 무죄한 피를 팔고 죄를 범하였도다 하니 그들이 이르되 그것이 우리에게 무슨 상관이냐 네가 당하라 하거늘 ⁵유다가 은을 성소에 던져 넣고 물러가서 스스로 목매어 죽은지라"(마 27:3~5)

종교개혁가요 장로교를 창시한 칼빈 선생님은 강해 설교로 유명합니다. 칼빈 주석은 그의 어떤 연구 논문이 아니라 그가 교회에서 성경 강해를 한 것을 집약해 놓은 것입니다. 그런데 전해지는 바에 의하면 칼빈은 교회에서 한 번 설교를 하면 보통 4시간 이상씩 했다고 합니다. 전하는 사람이나 듣는 사람 모두 힘든 상황이 아닐 수 없습니다. 그런데 칼빈은 설교를 하면서 도무지 알 수 없는 일이 하나 있었습니다. 그것은 똑같은 시간에, 똑같은 공간 속에서, 똑같이 한 사람의 설교를 듣고 있는데 굉장한 은혜를 받는 사람이 있는가 하면 시종 앉아서 자다가 가는 사람도 있었기 때문입니다. 이 현상을 칼빈은 이렇게 이야기를 했다고 합니다. 졸고 가는 사람은 아마도 구원받지 못할 사람으로 예정되어 있는 사람일 것이라고 말입니다.

　　우리는 살아가면서 똑같은 조건 속에서 이상하게도 상반되는 두 개의 결과를 얻을 때가 많습니다. 이러한 모습들을 성경에서도, 가정에서도, 교회에서도 쉽게 발견할 수 있습니다. 이스라엘 가운데 히스기야라고 훌륭한 왕이 있었습니다. 그런데 그에게는 가장 사악했던 므낫세라는 아들이 있었습니다. 뿐만 아니라 다윗 왕에게도 솔로몬 같은 아들이 있었는가 하면 압살롬과 같은 패륜아도 있었습니다. 이러한 대조적인 결과를 바라보면서 우리는 황당함을 느낄 때가 있습니다.

예수님의 제자 가운데 베드로라는 제자가 있습니다. 우리가 베드로를 좋아하는 이유는 너무 인간적인 그의 모습 때문입니다. 그는 우리처럼 보통 사람이 범접할 수 없는 절대적 영역 속에 앉아있는 사람이 아니었습니다. 그는 원래부터 갈릴리 어부출신으로 배우지 못하여 무식한 사람이었습니다. 성경에 나타난 베드로를 분석해본다면 다급한 성격의 소유자였고, 또한 매사에 참을성이 없는 다혈질적인 사람이었음을 알 수 있습니다. 이런 그의 모습을 좋게 말한다면 자기감정에 솔직한 사람이라고 할 수도 있습니다. 그는 결코 내숭을 떠는 사람이 아니었습니다. 이러한 그의 타고난 기질 때문에 그에게는 항상 실수가 따라다녔습니다.

그런데 우리가 베드로에게 있어서 도전을 받아야 할 중요한 것이 있습니다. 그것은 베드로는 항상 제자리에 머물러 있는 사람이 아니었다는 사실입니다. 요즈음 같이 힘든 세상에서는 제자리 지키기도 쉽지 않다는 말을 많이 합니다. 교회도 부흥은커녕 현상유지도 힘들다고 합니다. 오히려 퇴보하는 경우도 비일비재한 현실입니다. 그런데 베드로는 주님으로부터 부름을 받고 주님의 수제자가 됩니다. 제자가 될 바에는 수제자가 되어야 합니다. 나중에 예수님께서 승천하신 이후에는 초대교회를 끌고 가는 기둥이 되었습니다. 전해지는 말에 의하면 베드로가 죽을 때는 십자가에 거꾸로 매달려 순교했다고 합니다.

예수님의 부름을 받아 베드로와 같은 제자가 된다는 것은 이상한 일이 아닙니다. 모두 수제자가 될 수는 없지만 나름대로 최선의 제자는 될 수 있습니다. 요한도 될 수 있고, 바돌로매도 될 수 있습니다. 흔히 의심 많은 제자라고 하는 도마가 되어도 괜찮습니다. 그런데 어떻게 가룟 유다가 될 수 있느냐 하는 문제입니다. 예수님으로부터 똑같이 사랑을 받고, 은혜도 받고, 말씀도 들었는데 배신자가 되었다는 사실은 이해가 되지 않습니다.

가룟 유다가 배신자가 된 원인이 무엇일까요? 흔히 문제아 뒤에는 문제 부모가 있다고 합니다. 그것은 어느 정도 사실입니다. 문제 자녀가 되는 이유 중에 하나가 본인은 부모로부터 차별대우를 받고 있다고 생각할 때 잘못된 길로 갈 확률이 높다고 합니다. 그러나 이러한 논리는 최소한 예수님과 가룟 유다의 관계에서는 성립하지 않습니다. 예수님께서는 12명의 제자 가운데 가룟 유다를 절대로 차별대우를 하시지 않으셨습니다. 오히려 다른 제자들보다 더 관심을 가져주셨습니다.

예수님은 제자 공동체에서 가룟 유다에게 재정 업무를 맡기셨습니다. 어디에서나 재정은 아무에게나 맡기는 것이 아니라는 것은 상식입니다. 이렇게 주님은 가룟 유다를 신뢰하셨고 챙기셨음을 알 수 있습니다. 성경에 보면 예수님은 가룟 유다가 배신하여 당신을 악인에게 팔게 되리라는 사실을 미리 아셨다고 했습니다. 그럼에도 불구하고 주님은 가룟 유다를 차별대우하신 적이 없었습니다.

본문 말씀은 우리의 가슴을 가장 아프게 하는 구절 중에 하나입니다. 가룟 유다는 주님을 은30에 팔게 됩니다. 그 액수는 당시 노예 한 사람의 값 정도였습니다. 나중에 가룟 유다는 스스로 목을 매어 죽게 됩니다. 후세 사람들은 가룟 유다의 돈으로 밭을 사서 나그네의 묘지로 삼게 됩니다. 그리고 피밭이라는 불명예스러운 이름을 붙였습니다. 예수님께서 승천하신 후 제자 공동체는 가룟 유다의 이름을 영원히 제명처리를 하고 그 대신 맛디아를 그 자리에 채워 놓았습니다.

왜 가룟 유다가 되는 것일까요? 가장 중요한 이유는 주님의 은혜를 경홀히 여겼기 때문입니다. 주님의 부르심을 대수롭지 않게 생각을 했습니다. 제자 됨의 의미를 몰랐습니다. 인간이 하나님 앞에 짓는 가장 큰 죄 가운데 하나는 주님의 사랑과 은혜를 경홀히 여기는 교만입니다. 분명 교만은 패망의 선봉이고 넘어짐의 앞잡이입니다(잠 16:18). 소돔 고모라에 살고 있던 롯의 사위는 하나님의 명령을 농담으로 여겼다가 망했습니다. 그리고 에서는 하나님께서 주신 맏아들의 특권을 경홀히 여겼다가 영원히 이방인이 되고 말았습니다.

우리는 날마다 하나님의 은혜 속에 살아가고 있습니다. 처음부터 끝까지 은혜 아닌 것이 없습니다. 세상의 많은 교회 중에서 지금 내가 출석하고 있는 교회를 허락하신 것도 빼놓을 수 없는 은혜입니다. 부족한 나에게 직분까지 주신 것은 하나님의 특혜입니다. 가정을 주시고 일터를 주시고 건강을 주셨습니다. 이것은 나에게 능력이 많아서 된 일이 아니라 나를 사랑하시는 하나님의 은혜입니다. 그런데 이런 특혜를 경홀히 여기면 안 됩니다. 그 교만은 우리로 가룟 유다가 되게 하는 지름길입니다.

사실 우리가 한 살 한 살 나이를 먹고 있습니다. 이제는 사회적 문제 가운데 하나가 고령화입니다. 고령화 되는 속도가 우리나라가 세계에서 1위라고 합니다. 노인이 많아지면서 인간의 가치가 점점 상실되어 가고 있는 현실입니다. 그 문제의 자리에 나도 언젠가는 포함되게 될 것입니다. 어느 글에서 읽은 유머가 있습니다. 10대의 나이를 상품가치로 보면 "쌤플"이라고 한답니다. 언제나 쌤플은 광고용이기 때문에 얼마나 예쁜지 모릅니다. 그런데 20대 나이는 "신상품"이라고 한다는 것입니다. 결혼을 앞둔 나이이기 때문에 처음 보는 처녀 총각이지만 가슴이 설레이게 하는 것입니다. 30대 나이를 "정품"이라고 했습니다. 품질보증이 중요한 연령이기 때문입니다. 그리고 40대를 가리켜 "명품"이라고 한답니다. 사회적으로나 모든 면에 있어서 그 능력이 발휘되고 빛이 나는 세대라는 뜻입니다. 그런데 50대 나이로 들어서면서 입장이 달라집니다. "세일품"이라고 한다는 것입니다. 이제는 명예퇴직을 걱정해야 하고 헐값에 넘어가는 세일품이라고 합니다. 60대는 더 한심해 집니다. "이월상품"입니다. 50대에서 팔리지 못하고 60대로 이월해 왔다는 것입니다. 그러면 70대는 무엇이냐? "창고대매출"이라고 한답니다. 돈을 안 받을 테니까 가져갈 사람이 있으면 가져가라는 것입니다. 그리고 80대의 상품가치는 "폐업정리"라고 합니다. 모든 것이 끝났다는 것입니다.

그럼에도 불구하고 우리 주님은 나를 사랑해 주십니다. 나에게 은혜를 넘치도록 주십니다. 그런데 중요한 것은 이 은혜를 소중히 여기는 것만큼 베드로가 될 수 있다는 것을 잊지 말아야 합니다. 인

13. 실패자에서 승리자로

생에 있어서 승리는 인간이 만들 수 있는 것이 아닙니다. 인생의 생사화복은 절대로 하나님 손에 있습니다. 그러므로 내가 승리자가 되느냐, 아니면 실패자가 되느냐 하는 문제는 절대로 하나님과 나와의 관계설정에 달려 있습니다.

"(5)네 길을 여호와께 맡기라 그를 의지하면 그가 이루시고 (6)네 의를 빛 같이 나타내시며 네 공의를 정오의 빛 같이 하시리로다"(시 37:5,6)

"너의 행사를 여호와께 맡기라 그리하면 네가 경영하는 것이 이루어지리라"(잠 16:3)

바로 여기에 베드로와 가룟 유다의 결정적 차이가 있습니다. 어느 분이 말했습니다. 자식을 여럿 키우다 보면 자식마다 모두 다르다고 했습니다. 어떤 자식은 아무리 매를 맞아도 부모님 품으로 들어오는 자식이 있는가 하면, 아무리 사랑을 해 주어도 밖으로 나가려는 자식이 있다는 것입니다. 이것은 성도들에게도 마찬가지입니다. 아무리 힘들고 어려운 상황이 와도 하나님 품으로 들어오는 성도가 있는가 하면, 그렇게 은혜를 많이 받고도 밖으로 나가는 성도가 있습니다.

베드로는 전자의 경우입니다. 그는 수많은 실수를 밥 먹듯 저지르면서 책망을 들어도 주님을 떠나지 않았습니다. 심지어 주님께서 "사탄아, 내 뒤로 물러가라!"고 야단을 맞았지만 베드로는 시험에 들지 않았습니다. 이것은 쉬운 일이 아닙니다. 만약 우리가 그러한 책망을 들었다면 과연 감당할 수 있겠습니까? 십중팔구 우리는 주님 곁을 떠났을지도 모릅니다. 베드로는 물러가라고 했지만 물러가지 않았습니다. 어떻게 보면 물러가지 않은 것도 은혜였습니다. 책망을 듣고 물러갔다면 오히려 베드로는 사탄이 되었을 것입니다. 이런 모습이 승리하는 사람의 공통적인 특징입니다. 아주 옛날 단독 주택으로 된 사택에서 살 때 이상한 개 한 마리가 들어와 살게 되었습니다. 아무리 내어 쫓아도 다시 들어왔습니다. 매를 들어 때려도 그 다음 날 다시 들어왔습니다. 결국 그 개를 키우게 된 적이 있었습니다.

그러나 가룟 유다의 경우는 베드로와 정 반대였습니다. 주님은 가룟 유다를 남보다 더 사랑하셨습니다. 그럼에도 가룟 유다는 언제나 밖으로 나갔습니다. 세상의 제사장들과 내통하면서 음모를 꾸몄습니다. 패배자와 승리자의 얼굴은 다르지 않습니다. 가룟 유다의 외모는 주님의 얼굴에 입맞춤을 할 정도였습니다. 베드로의 험상궂은 얼굴에 비해서 가룟 유다의 얼굴은 주님을 가장 사랑하는 사람의 얼굴이었습니다. 그러나 문제는 마음입니다. 가룟 유다의 마음은 주님 품에 머물지 못하고 항상 밖으로 나갔습니다.

13. 실패자에서 승리자로

현대인들은 만족결핍증을 앓고 있습니다. 인생의 진정한 만족은 술이나 향락이나 과도한 소유에 결코 있지 않습니다. 미국의 작가 게일 휘일은 '통로를 찾는 사람들'이란 글에서 참 만족을 갖고 사는 사람들의 조건에 관해 말하기를 '삶과 뜻에 분명한 방향을 가진 사람, 허무와 실망에 매이지 않는 사람, 앞날의 계획을 믿음과 용기로 성취하는 사람, 누군가를 무척 사랑하는 사람, 신뢰할 친구가 많은 사람, 낙천적이고 비밀이 없는 사람, 자기비평에 신경 쓰지 않는 사람, 큰 두려움이 없는 사람.'이라고 했습니다. 마음은 주님의 은혜를 받는 통로요 그릇입니다. 가룟 유다의 마음으로는 주님의 은혜를 털끝만큼도 담을 수 없었습니다. 서당 개 3년이면 풍월을 읊는다는 말도 있지만 가룟 유다는 무려 3년이나 주님을 따라다녔지만 하나님의 사람으로 변화되지 못했습니다. 예수님은 말씀하셨습니다. "나를 떠나서는 너희가 아무 것도 할 수 없음이라.(요 15:5)"

변두리에서 중심으로

14.

합리적 사고에서
신앙적 사고로

민수기 13장 25~33절

"³⁰갈렙이 모세 앞에서 백성을 조용하게 하고 이르되 우리가 곧 올라가서 그 땅을 취하자 능히 이기리라 하나 ³¹그와 함께 올라갔던 사람들은 이르되 우리는 능히 올라가서 그 백성을 치지 못하리라 그들은 우리보다 강하니라 하고 ³²이스라엘 자손 앞에서 그 정탐한 땅을 악평하여 이르되 우리가 두루 다니며 정탐한 땅은 그 거주민을 삼키는 땅이요 거기서 본 모든 백성은 신장이 장대한 자들이며 ³³거기서 네피림 후손인 아낙 자손의 거인들을 보았나니 우리는 스스로 보기에도 메뚜기 같으니 그들이 보기에도 그와 같았을 것이니라"(민 13:30~33)

폴란드의 민화 가운데 바보들의 이야기가 있습니다. 어느 지역에 바보들만 사는 바보마을이 있었습니다. 그 마을에 벼랑길이 있었는데 거기는 급커브가 많아서 하루에도 그 벼랑길에서 떨어져 죽는 사람이 적지 않았습니다. 그래서 마을 회의가 소집되었습니다. 대책을 논의한 결과 벼랑길 밑에 병원을 짓자는 의견에 많은 사람들이 긍정적인 반응을 보였습니다. 그런데 터널을 뚫어 벼랑길을 개선하자고 의견을 내는 사람은 한 사람도 없었습니다.

그날 밤 회의가 끝난 후 몇 사람이 모여 이야기를 하는 중에 한 사람이 "나는 사실 그런 제안을 하려고 하였어."라고 말하자 또 다른 사람들도 이구동성으로 동감이라고 했습니다. 그러면 왜 의견을 말하지 않았느냐고 물었을 때 막대한 희생과 어려움이 따르기 때문에 차라리 병원을 짓는 편이 낫겠다 싶어서 입을 다물고 있었다고 했습니다. 이 사람들은 바보가 아니면서도 바보인 셈입니다. 자신들이 치르게 될 희생에만 너무 집착한 나머지 그들은 자신들에게 결국 큰 유익을 가져다 줄 창조적인 일에는 감히 용기를 낼 수 없었습니다.

본문에도 이와 비슷한 이야기가 나옵니다. 출애굽하여 가나안 땅을 향해 광야를 여행하던 이스라엘 백성들이 드디어 가데스 바네아라는 지경까지 오게 되었습니다. 거기는 요단강 건너 가나안 땅이 보이는 곳입니다. 과연 가나안 땅이 어떤 땅인지 알아보기 위해 모세는 각 지파에서 한 명씩 선발하여 12명의 정탐꾼을 보내게 됩니다. 이들이 40일 동안의 정탐활동을 끝내고 이제 진영으로 돌아와 백성들 앞에서 보고대회를 하게 됩니다. 그런데 정탐을 마치고 돌아온 정탐꾼의 의견이 둘로 갈라졌습니다. 10명의 정탐꾼들은 자기들의 힘으로 가나안 땅을 정복하는 것은 불가능한 일이기에 포기할 것을 주장했습니다.

이솝 우화에 보면 여우 한 마리가 포도를 먹고 싶었지만 너무 높이 달려 있어서 먹을 수 없게 되자 여우가 포도송이를 보며 하는 말이 "저것은 보나마나 시어서 못 먹을 거야"라고 하면서 자기를 위로했다는 말이 있습니다. 마찬가지로 저들은 가나안 땅을 정복해보지도 않고 가나안 땅은 사람을 삼키는 땅이라고 평가하면서 자신들의 믿음 없음을 합리화시켰습니다.

"이스라엘 자손 앞에서 그 정탐한 땅을 악평하여 이르되 우리가 두루 다니며 정탐한 땅은 그 거주민을 삼키는 땅이요 거기서 본 모든 백성은 신장이 장대한 자들이며"(민 13:32)

그러나 나머지 사람 여호수아와 갈렙은 아주 다른 의견을 말합니다.

"갈렙이 모세 앞에서 백성을 조용하게 하고 이르되 우리가 곧 올라가서 그 땅을 취하자 능히 이기리라 하나"(민 13:30)

"이스라엘 자손의 온 회중에게 말하여 이르되 우리가 두루 다니며 정탐한 땅은 심히 아름다운 땅이라"(민 14:7)

똑같은 땅을 보고 왔는데 한 부류의 사람은 '사람을 삼키는 땅'으로 보았고, 또 한 부류의 사람은 '아름다운 땅'으로 보았던 것입니다. 이런 결과가 생기는 이유는 사고방식의 차이 때문입니다. 10명의 정탐꾼들은 부정적인 사고방식을 가진 사람들이었습니다. 그러나 여호수아와 갈렙은 긍정적인 사고방식을 소유한 사람들이라고 할 수 있습니다.

언제나 비관주의자들은 문제를 과장합니다. 그래서 자기들 스스로 메뚜기 같은 존재로 쪼그라들게 합니다. 하지만 긍정적인 사람들은 비전을 과장합니다. 문제를 과장하면 과장한 것만큼 문제가 커지게 됩니다. 골리앗 앞에 숨어 있으면 골리앗은 항상 거인으로 우리 앞에 우뚝 서있게 됩니다. 그러나 비전을 과장하면 최소한 손해는 보지 않습니다. 비록 호랑이를 그리는 일에 실패를 하더라도 최소한 고양이를 그릴 수 있는 작은 성취라도 얻을 수 있습니다.

세상적 기준으로 본다면 10명의 정탐꾼들이 내린 가나안에 대한 평가가 더 객관적이고 합리적인 평가일 수 있습니다. 12명 가운데 10명이 주장하는 의견이기 때문에 민주주의 다수결 원칙에서 보더라도 더 설득력을 가질 수 있습니다. 사실 이스라엘 백성은 전쟁 경험이 없었습니다. 또 역사적으로 이스라엘 백성은 아직도 석기 문화 속에 있었습니다. 하지만 가나안 사람은 이미 견고한 여리고 성으로 국경을 막아놓고 있었을 뿐만 아니라 저들은 이미 철을 사용하는 철기 문화 속에 있었습니다. 그러므로 10명의 정탐꾼들이 주장하는 것이 훨씬 합리적이고 구체적일 수 있습니다.

그러나 합리적 사고가 언제나 신앙적 사고와 일치 될 수는 없습니다. 합리적 사고방식은 이성적인 계산이 판단 기준일 뿐입니다. 만약 전능하신 하나님께서 이 사건에 개입하신다면 어떤 결과가 올 것인가에 대해서는 아무리 성능이 좋은 컴퓨터라도 그 결과를 계산

14. 합리적 사고에서 신앙적 사고로

할 수 없습니다. 이 세상은 합리적 사고로 돌아가는 것 같지만 절대로 그렇지 않습니다. 그러므로 신앙인은 마땅히 신앙적으로 사고해야 합니다. 그런데 신앙인들이면서도 신앙적인 사고를 가지고 살지 못하는 경우가 너무 많습니다. 신앙인의 불신앙이라고 할 수 있습니다. 믿음을 외치고 있는데 현실적 상황에서 믿음의 원리를 전혀 적용시키지 않는 것입니다. 신앙적 사고란 하나님께서 함께 하실 때 일어날 수 있는 결과를 믿음으로 바라보는 것을 말합니다. 즉 하나님께서 함께 하시지 않는다면 우리는 아무 것도 할 수 없습니다 (요 15:5). 그러나 합리적 사고는 하나님 없이도 할 수 있다고 생각하는 것이기 때문에 심각한 교만입니다.

그 옛날 황해도 곡산군 서촌면 화천리에 박창운이라는 사람이 살고 있었습니다. 그는 어려서부터 복술을 공부하여 점쟁이 노릇을 하며 생계를 유지했습니다. 그런데 그의 아들 박성린씨가 전도를 받아 고갑교회를 다니며 열심히 신앙생활을 한 끝에 나중에는 장로 직분까지 받게 되었습니다. 장로가 된 후 박성린씨는 자기 아버지를 전도했습니다. 복술로 생계를 유지하고 살았던 박창운씨도 드디어 예수를 영접하게 됩니다. 모든 복술책을 불살라 태워버리고 모범적인 신앙생활을 하게 되었습니다.

그런데 갑자기 장로이던 아들 부부와 손자 3명이 불과 몇 달 만에 모두 세상을 떠나게 되었습니다. 우상을 섬기는 믿지 않는 동네 사람들은 이구동성으로 귀신이 노했다고 비난을 퍼부었습니다. 그러나 박창운씨는 조금도 마음이 흔들리지 않고 더욱 열심히 신앙생활을 했습니다. 그런데 놀라운 일이 일어났습니다. 아들과 손자 3명을 잃은 후 박창운씨가 80세에 아들을 낳게 된 것입니다.

미국의 18세 된 소년이 동네 노인을 찾아가 물었습니다. "오늘이 제가 18세 성인이 되는 날인데 이제 인생을 스스로 개척해 나가려면 어떻게 해야 합니까?"라고 물었을 때 노인은 "무슨 일을 하고 있느냐?"고 물었습니다. 그러자 이 소년은 "비누와 양초 만드는 일을 하고 있습니다."고 대답했습니다. 그러자 노인은 이렇게 충고를 했습니다. "그 일을 충실히 하게. 단 주님과 동업을 하게." "어떻게 하는 것이 동업입니까?"하고 다시 소년이 물었더니 "어느 물건을 팔건 십일조를 드리게. 그리고 문제가 발생할 때마다 주님과 상의를 하게."라고 말해 주었습니다. 이 젊은이는 그대로 실행하였습니다. 결국 성공하여 후에 이 젊은이가 콜 게이트라는 치약회사를 만들게 됩니다. 그 젊은이의 이름이 그 유명한 윌리암 콜 게이트입니다.

우리 앞에 놓인 현실을 어떤 사고를 갖고 바라보느냐에 따라서 실패자가 되기도 하고 승리자가 되기도 합니다. 그런 의미에서 우리는 합리적 사고에서 신앙적 사고로 사고의 틀을 변화시켜야 합니다. 민수기 14장으로 가보면 이스라엘 백성들이 10명의 부정적인 보고를 듣고는 밤새도록 울며불며 모세와 아론을 원망하며 아우성을 치는 장면이 기록되어 있습니다.

> "(2)이스라엘 자손이 다 모세와 아론을 원망하며 온 회중이 그들에게 이르되 우리가 애굽 땅에서 죽었거나 이 광야에서 죽었으면 좋았을 것을 (3)어찌하여 여호와가 우리를 그 땅으로 인도하여 칼에 쓰러지게 하려 하는가 우리 처자가 사로잡히리니 애굽으로 돌아가는 것이 낫지 아니하랴"(민 14:2,3)

저들은 다시 애굽으로 돌아가자고 소리를 질렀습니다. 고생 끝에 가나안을 눈앞에 둔 이 지점에서 다시 옛날로 돌아가자는 것입니다. 이것을 복고주의라고 말합니다. 어떤 사람은 자신의 지나간 왕년을 자꾸 말합니다. 그런데 왕년을 늘어놓는 사람치고 대단한 사람은 없습니다. 왜냐하면 지금 당장 내어 놓을 만한 것이 없기 때문에 왕년이라도 이야기를 하게 되는 것입니다. 중국 노나라에 재경이란 목수가 살았다고 합니다. 그의 목공 솜씨는 달인의 경지에 이르러 사람들을 놀라게 했습니다. 특히 거문고 제작엔 따라올 사람이 없었습니다. 이 소문이 왕의 귀에까지 들려 드디어 재경은 왕 앞에 서게 되었습니다. "그대는 무슨 기술로 훌륭한 악기를 만드는가?"라고 왕이 묻자 재경은 겸손한 목소리로 말했습니다.

"사흘 동안은 악기만 생각합니다. 다시 닷새를 보내면 사람들의 칭찬과 비난에 동요하지 않게 됩니다. 다시 이레를 보내면 고요한 마음에 거문고가 떠오릅니다. 그러면 비로소 산에 올라가 나무를 구해 만들지요."라고 대답을 했다고 합니다.

세월이 흘러감에 따라서 우리는 가나안 땅만 생각해야 합니다. 거문고 장인이 거문고를 떠올리듯이 가나안을 실상으로 바라보아야 합니다. 우리 앞에는 정복해야 할 땅만 있습니다. 가나안에 대한 꿈과 비전을 망각하지 말아야 합니다. 하나님께서 주시겠다고 약속하신 땅이기 때문에 그 약속은 아직 유효합니다. 그런데 이 약속은 신앙적인 사고를 가진 사람을 통해서만 이루어진다는 사실입니다. 아무리 소나기가 쏟아져도 그릇을 뒤집어 놓은 사람은 한 방울의 소나기도 담을 수 없는 것처럼, 안 된다는 사고를 가진 사람에게는 하나님도 복을 주실 방법이 없습니다. 여호수아와 갈렙이 백성들을 향해서 외칩니다.

"갈렙이 모세 앞에서 백성을 조용하게 하고 이르되 우리가 곧 올라가서 그 땅을 취하자 능히 이기리라 하나"(민 13:30)

결과론이지만 저들은 가나안땅을 보기 좋게 정복을 했습니다. 가나안 정복이 저들의 합리적 사고가 탁월했기 때문에 이루어진 것

14. 합리적 사고에서 신앙적 사고로

은 아닙니다. 합리적 사고는 성령의 역사를 가로막는 심각한 장애물입니다. 그것은 인본주의입니다. 나병에 걸린 나아만 장군에게 하나님은 요단강에 들어가서 일곱 번 목욕을 하라고 하셨습니다. 의학적으로 근거가 없다고 하여 아무 행동도 하지 않고 가만히 있으면 하나님의 역사는 일어나지 않습니다. 이제 은혜와 복을 받을 때가 가까웠습니다. 그러므로 더욱 비전을 불태워야 합니다. 문제가 해결될 때가 임박했습니다. 이 모든 일에 하나님이 함께 하시면 할 수 있습니다. 이 모든 문제들은 우리들의 먹잇거리 밖에 되지 않습니다. 이러한 신앙적 사고를 통해 승리하시기 바랍니다.

변두리에서 중심으로

15.

부조화에서
조화로

열왕기상 11장 9~13절

"9솔로몬이 마음을 돌려 이스라엘의 하나님 여호와를 떠나므로 여호와께서 그에게 진노하시니라 여호와께서 일찍이 두 번이나 그에게 나타나시고 10이 일에 대하여 명령하사 다른 신을 따르지 말라 하셨으나 그가 여호와의 명령을 지키지 않았으므로 11여호와께서 솔로몬에게 말씀하시되 네게 이러한 일이 있었고 또 네가 내 언약과 내가 네게 명령한 법도를 지키지 아니하였으니 내가 반드시 이 나라를 네게서 빼앗아 네 신하에게 주리라"(왕상 11:9~11)

우리가 살아가면서 가끔 아름다운 음악을 들을 때가 있습니다. 그럴 때 내 삶 전체가 치유 받은 듯한 감동을 받게 됩니다. 음악이 아름다운 이유는 조화 때문입니다. 서로 다른 높이의 음을 내지만 그것이 조화 있게 화성을 이루기 때문에 우리의 마음을 울리게 됩니다. 음의 조화가 깨진 것을 가리켜 우리는 불협화음이라고 합니다. 불협화음은 단지 음악에만 있는 것은 아닙니다. 사람 사이의 의견이 맞지 않아도 불협화음이라는 단어를 사용합니다.

어느 방송국에 산꼭대기 외딴 목장에 살고 있는 한 목동으로부터 편지가 왔습니다. 편지의 내용은 이러했습니다. "제 주변에는 피아노가 없습니다. 저의 유일한 위안은 바이올린입니다. 그런데 이 바이올린을 다시 조율해야 하는데 귀 방송국의 피아노로 '라ᴀ' 건반을 쳐주시면 감사하겠습니다."라는 내용이었습니다. 음계에서 '라' 음은 조율의 기본음입니다. 우리는 하나님께서 만드신 악기라고 할 수 있습니다.

"이 백성은 내가 나를 위하여 지었나니 나를 찬송하게 하려 함이니라"

(사 43:21)

우리의 삶이 하나님께 조율되어 있지 않으면 불협화음이 일어납니다. 그러나 한 때 하나님의 말씀에 맞춰 정교하게 조율되었던 도덕적이고 영적인 줄들이 태만으로 인해 자꾸 느슨해집니다. 불협화음은 모든 사람을 불쾌하게 합니다. 제일 먼저 나 자신이 괴롭고, 나의 삶을 쳐다보는 이웃들도 불쾌해집니다. 더욱 나를 바라보시는 하나님은 얼마나 괴로워하시겠습니까? 그러므로 우리는 매일매일 하나님과의 조율관계를 확인해보아야 합니다. 그런데 이러한 조화의 세계는 단지 음악에만 있는 것은 아닙니다. 하나님은 질서의 하나님이시기 때문에 하나님의 모든 창조물은 하나님 보시기에 아름다울 정도로 조화를 이루고 있습니다. 이 조화가 깨지게 되면 듣기 싫은 음악을 듣는 것처럼 우리의 인생이 불행해지게 됩니다.

하나님께서 창조하신 우주의 모든 세계는 조화의 세계입니다. 이 우주 공간을 셀 수 없이 많은 피조물들이 채우고 있지만 이런 것들이 서로 대립하지 않습니다. 다르다는 이유 때문에 싸우지 않습니다. 이것이 하나님의 복이며 은혜이며 선물입니다. 천국이 따로 있는 것이 아닙니다. 가장 완벽한 조화의 세계가 천국입니다. 이사야 선지자는 메시아가 다스리는 그 날이 오게 되면 세상이 완벽한 조화의 세계로 변화된다고 예언을 했습니다.

"⑹그 때에 이리가 어린 양과 함께 살며 표범이 어린 염소와 함께 누우며 송아지와 어린 사자와 살진 짐승이 함께 있어 어린 아이에게 끌리며 ⑺암 소와 곰이 함께 먹으며 그것들의 새끼가 함께 엎드리며 사자가 소처럼 풀을 먹을 것이며 ⑻젖 먹는 아이가 독사의 구멍에서 장난하며 젖 뗀 어린 아이 가 독사의 굴에 손을 넣을 것이라 ⑼내 거룩한 산 모든 곳에서 해 됨도 없고 상함도 없을 것이니 이는 물이 바다를 덮음 같이 여호와를 아는 지식이 세 상에 충만할 것임이니라"(사 11:6~9)

본문의 주인공이라 할 수 있는 솔로몬은 다윗 왕이 우리아 장군 의 아내 밧세바를 통해서 얻은 아들이었습니다. 서자라고 할 수 있 습니다. 그러나 솔로몬은 아버지를 닮아서 어려서부터 하나님을 잘 경외하였고 믿음으로 살았습니다. 다윗 왕에게 여러 아들이 있었지 만 다윗 왕은 솔로몬에게 나라를 물려주었습니다. 솔로몬은 왕이 되어서도 교만하지 않고 하나님을 잘 경외하였습니다. 이러한 솔로 몬에게 하나님은 많은 은혜를 주셨습니다. 하나님을 경외하는 솔로 몬에게 하나님은 그의 주변을 모두 조화의 세계로 만들어 주셨습니 다. 그러므로 솔로몬 주변에 수많은 나라들이 있었지만 솔로몬과 대립하지 않고 우호관계를 맺으며 살았습니다. 그래서 전쟁도 없이 경제적으로 군사적으로 부흥할 수 있었습니다. 또 성경은 솔로몬이 누렸던 부귀영화에 대해서 기록하고 있습니다. 궁중의 그릇이 모두 금 그릇이었습니다. 군인들이 사용하고 있는 큰 방패 200개와 작은 방패 300개가 모두 금이었습니다. 상아로 보좌를 만들었습니다. 뿐만 아니라 지혜의 복을 주심으로 말미암아 영육 간에 조화를 이루게 하셨습니다.

그렇습니다. 내가 하나님을 향하여 얼굴을 들어 경외하면 하나님은 모든 만물이 나에게 얼굴을 돌릴 수 있도록 조화의 복을 주신다는 사실입니다. 내가 하나님을 제대로 믿으면 만물이 나를 믿을 수 있도록 만들어 주십니다. 예를 들어 하나님은 에덴동산을 만드시고 이 아름다운 낙원을 인간에게 주시며 살게 하셨습니다. 그리고 인간에게 이 모든 것을 다스리고 정복하고 생육하고 번성하라고 하셨습니다. 그래서 모든 삼라만상이 인간에게 복종하였던 것입니다. 정말 아름다운 조화 속에서 인간은 마음껏 복을 누리며 살 수 있었습니다. 그런데 인간이 하나님께 범죄를 하고부터 모든 조화는 깨지기 시작했습니다. 자연도 인간의 말을 듣지 않기 시작했습니다. 사나운 맹수들이 인간을 물어뜯어 죽이기도 합니다. 심지어 요즈음은 애완견에게도 사람이 물려 죽는 사건이 일어나고 있습니다. 지진이 일어나서 인간을 죽입니다. 각종 자연재해가 인간을 심각하게 위협합니다. 한 마디로 불협화음입니다.

15. 부조화에서 조화로

이러한 현상이 솔로몬에게 일어났습니다. 솔로몬은 성공한 다음에 하나님을 떠났습니다. 하나님은 율법을 통해 이방 여인을 가까이 하지 말라고 했지만 솔로몬은 수없이 많은 이방여인들을 자기 궁궐로 끌어들였습니다. 이러한 이방여인들로 말미암아 솔로몬 궁전은 마치 우상 박물관처럼 되어 버렸습니다. 솔로몬은 시돈 사람의 여신 아스다롯을 좇고, 암몬 사람의 신 가증한 밀곰을 좇게 되었습니다. 하나님보다 많은 여인을 사랑하게 되었습니다. 후궁이 700명이요, 첩이 300명이라고 하였습니다(3절). 이 여인들이 솔로몬의 마음을 바꾸어 놓았습니다. 일천번제를 드리기까지 했던 솔로몬의 영육간의 조화가 한 순간에 무너지고 말았습니다.

본문에 보면 하나님께서 두 번씩이나 솔로몬에게 나타나셔서 이방신을 좇지 말고 하나님께 돌아오라고 명령하셨지만 솔로몬이 끝내 거절했다고 말씀하고 있습니다. 그래서 이스라엘 나라를 솔로몬에게서 빼앗아 솔로몬의 신복에게 주겠다고 경고하고 있습니다. 정말로 하나님의 경고대로 솔로몬이 죽은 후 이스라엘은 우리나라처럼 남북으로 분열이 되고 말았습니다. 이것은 부조화입니다. 그렇게 충성스럽던 신하 여로보암이 배반을 합니다. 그동안 우호관계를 맺었던 이웃 나라들이 이스라엘에 등을 돌리기 시작했습니다. 그리고 군사들을 데리고 공격해 들어옵니다. 그동안 힘차게 번영했던 것들이 멈추게 되었고 파멸의 어두운 그림자가 밀려오기 시작했습니다. 정상적인 것이 하나도 없었고, 어울리는 것도 없었습니다. 그 야말로 부조화입니다.

그런데 이러한 부조화도 하나님의 심판이라는 사실입니다. 조화 도 하나님께서 주시는 것이지만 부조화도 하나님께서 주시는 것입 니다. 솔로몬이 하나님을 떠나게 되자 하나님은 솔로몬에게서 조화 의 복을 회수해 가셨습니다. 솔로몬의 일등 신하들의 마음을 완악 하게 만들어 솔로몬을 배신하게 하셨습니다. 한 인간의 마음을 완 악하게 하시는 것도 하나님께서 하시는 일입니다. 하나님은 애굽 바로의 마음을 완고하게 만들어 열 가지 재앙을 받게 하셨습니다. 이런 방법을 통해 조화를 깨뜨리시는 하나님이십니다. 그러므로 부 조화도 하나의 심판이라고 할 수 있습니다.

오늘 우리는 우리 대한민국을 선지자적 안목으로 바라보아야 합 니다. 엄청난 부조화와 무질서의 소용돌이 속에 있습니다. 어느 구 석에도 어울리는 소리가 없습니다. 아름다운 화음을 들을 수 없습 니다. 정치인들의 모습은 국민을 실망시키고 있습니다. 힘 있는 자 들은 을을 향하여 갑질을 하고 있습니다. 기업가와 소비자들의 불 신, 노사 간의 갈등, 기성세대와 신세대들의 불신, 남북 간의 긴장 관계, 국제사회 속에 긴장관계 등 어느 하나 만만한 것이 없습니다. 이 부조화의 마지막은 파멸입니다. 이사야 선지자는 외쳤습니다.

15. 부조화에서 조화로

"(7)너희의 땅은 황폐하였고 너희의 성읍들은 불에 탔고 너희의 토지는 너희 목전에서 이방인에게 삼켜졌으며 이방인에게 파괴됨 같이 황폐하였고 (8)딸 시온은 포도원의 망대 같이, 참외밭의 원두막 같이, 에워싸인 성읍 같이 겨우 남았도다"(사 1:7,8)

이것은 한 마디로 부조화입니다. 만약 우리들의 삶 속에 이러한 엄청난 부조화의 일들이 일어나고 있다면 하나님이 들려주시는 음성에 귀를 기울여 보아야 합니다.

"(19)너희가 즐겨 순종하면 땅의 아름다운 소산을 먹을 것이요 (20)너희가 거절하여 배반하면 칼에 삼켜지리라 여호와의 입의 말씀이니라"(사 1:19,20)

우리에게 가장 중요한 것은 인간이 하나님과의 조화를 회복하지 아니하면 절대로 우리 삶에, 더 나아가 이 나라와 민족 위에 복은 주어지지 않는다는 사실을 잊지 말아야 합니다. 솔로몬이 하나님을 향하여 눈을 들어 온전히 하나님을 경외했을 때 하나님은 솔로몬에게 조화의 복을 주셨습니다. 그 때는 모든 것이 아름다웠습니다. 모든 것이 넉넉했습니다. 모든 것이 행복했습니다. 모든 것이 순조로 웠습니다. 그러므로 하나님과의 관계부터 회복을 해야 합니다.

언젠가 한 조련사가 개를 훈련시키는 과정을 텔레비전에서 본

적이 있었습니다. 우선 마룻바닥에 아주 먹음직스러운 고기 덩어리를 갖다 놓은 후 개를 데리고 옵니다. 개가 고기 덩어리를 보고 뛰어가 그 고기를 입에 물려고 할 때 몇 차례 개를 때려주면서 '안돼!'하고 명령을 합니다. 그러면 개가 멈칫하고 섭니다. 이렇게 여러 번 반복 훈련을 하게 되면 개의 태도가 달라지기 시작을 합니다. 나중에는 고기 덩어리를 갖다 놓아도 이 개는 고기 덩어리를 보는 것이 아니라 주인을 쳐다봅니다. 그리고 주인의 명령에 따라 행동할 자세를 취하게 됩니다.

우리도 마찬가지입니다. 항상 마귀는 예수님을 시험하듯이 떡과 명예와 물질을 가지고 우리를 찾아옵니다. 항상 마귀는 하나님과 나와의 조화를 깨뜨리려고 합니다. 수많은 사람들이 이 시험에 넘어갑니다. 솔로몬도 이 시험에 넘어갔습니다. 그 때마다 우리는 떡을 쳐다보지 말고 주인 되신 하나님을 바라보아야 합니다. 하나님께서 나에게 어떤 명령을 하시는지 주목해야 합니다. 그것이 승리하는 길입니다. 사도 바울은 말했습니다.

"우리가 알거니와 하나님을 사랑하는 자 곧 그의 뜻대로 부르심을 입은 자들에게는 모든 것이 합력하여 선을 이루느니라"(롬 8:28)

하나님을 사랑하는 자에게는 모든 것이 합력하여 선이 되게 하신다고 하셨습니다. 이 말씀은 우리 삶의 모든 요소를 섞어서 조화 있게 하신다는 뜻입니다. 오늘도 내 인생이 하나님께 드리는 아름다운 찬송이 되기 위해서 하나님의 기준 조율음에 나의 악기를 맞추는 몸부림이 있어야 합니다. 중국 선교사 허드슨 테일러(1832~1905)는 이런 유명한 말을 했습니다. "음악회가 끝난 뒤에는 피아노를 조율하지 않습니다. 연주를 시작하기 전에 조율해야 합니다. 그와 같이 아침에 일어나면 하루를 시작하기 전에 당신의 마음을 하나님의 뜻에 맞도록 조율하십시오." 하나님은 오늘 하루도 내 인생에 아름다운 화음을 선물로 주실 것입니다.

16

실상에서
증거로

히브리서 11장 1~2절

"¹믿음은 바라는 것들의 실상이요 보이지 않는 것들의 증거니 ²선진들이 이로써
증거를 얻었느니라"(히 11:1~2)

우리 인간의 삶이란 우리의 한정된 이성으로 이해할 수도 없고, 설명할 수도 없는 부분이 있습니다. 그런 의미에서 우리의 삶이란 하나의 신비입니다. 내 머리로 이해할 수 있는 부분이 전부라고 생각하면 우리 인생은 답이 없어집니다. 분명 인간이 이루어 놓은 문명의 세계는 이성의 산물입니다. 그러나 우리 인생은 과학 이상의 것이 있습니다. 예를 들어 아무리 유명한 의사라고 할지라도 한 인간이 탄생할 때 그 생명의 신비를 알지 못합니다. 왜냐하면 생명은 하나님의 영역이기 때문입니다. 단지 의사는 출산의 과정을 도와줄 뿐입니다. 그런 의미에서 우리의 삶은 처음부터 끝까지 기적의 연속이라고 하여도 과언이 아닙니다.

하나님께서 창조하신 우주의 세계는 크게 보이는 것과, 보이지 않는 두 부분으로 되어 있습니다. 육체는 우리 눈으로 볼 수 있지만 그 속에는 보이지 아니하는 영혼과 생명이 있습니다. 또한 우리는 다리를 건설할 때 물과 시멘트와 모래와 자갈과 철근만 있으면 다리를 세울 수 있다고 생각을 합니다. 그러나 그렇지 않습니다. 이러한 건축 재료는 눈에 보이는 것일 뿐입니다. 더 중요한 것은 눈에 보이지 않는 역학의 원리가 다리를 붙잡고 있어야 한다는 것입니다. 역학을 무시하면 다리는 존재할 수 없게 됩니다. 그러므로 항상 눈에 보이지 않는 것은 보이는 것의 원인이 됩니다. 원인이 제거되면 결과는 의미가 없어지는 것처럼, 보이지 않는 것이 사라지면 눈에 보이는 모든 세계는 저절로 존재가치가 없어지게 됩니다. 만약 우리에게 있어서 눈에 보이지 않는 영혼이 없다면 육신은 한갓 고기 덩어리에 불과합니다.

본문은 '믿음의 장'이라고 불리는 히브리서 11장의 한 부분입니다. 여기서 히브리서 기자는 믿음으로 밖에는 설명할 수 없는 신비스러운 부분을 설명하고 있습니다. 믿음은 바라는 것들의 실상이요 보이지 않는 것들의 증거라고 했습니다. 분명 믿음은 눈에 보이지 않습니다. 그러나 분명히 믿음은 모든 만물을 실상으로 내지는 증거로 나타날 수 있게 하는 에너지원이라는 것입니다.

'실상'과 '증거'는 우리나라 언어로는 그 뜻을 이해하기가 어려운 점이 있습니다. 그러나 헬라 원어로 살펴보면 그 뜻이 분명해집니다. '실상'은 헬라어로 '휴포스타시스'라는 단어를 사용합니다. 이 말에 대하여 이런 이야기가 전해져 오고 있습니다. 헬라의 한 여인이 아버지의 유산을 이어받는데 토지문제가 잘못되어 법정에서 재판을 받게 되었습니다. 첫 재판에서 실패를 한 이 여인이 알렉산드리아의 고등법원에 상소하기 위해 모든 법적 증거서류를 모아서 돌 항아리에 넣고 뚜껑을 닫아 자기 집의 노예를 시켜서 고등법원으로 보내게 되었습니다. 그런데 불행하게도 이 노예가 가는 도중 숙박하던 여인숙에 화재가 발생하여 타 죽어 버리게 되었습니다. 그 사건이후 2천년이 지난 뒤 고고학자들에 의하여 이 돌 항아리가 발견되었는데, 그 속에서 그때의 모든 문서와 함께 재판장에게 보내는 한 장의 긴 편지가 있었다고 합니다. 그 편지의 마지막 부분 내용은 이런 것이었습니다. "재판장님으로 하여금 내 고소가 참된 것임을 알게 하고자 여기에 내 '휴포스타시스'를 보내드립니다."라고 씌어져 있었다고 합니다. 여기서 말하는 '휴포스타시스'란 바로 증거물에 대한 확실한 신념입니다.

그러므로 '휴포스타시스'의 원뜻은 '아래로부터 받쳐준다'라는 뜻을 갖고 있습니다. 이 뜻을 갖고 이해해 본다면 실제로는 존재하지 않고 있지만 가장 근본적인 곳에서 믿음이 받쳐준다면 실체화될 수 있는 것을 의미합니다. 그리고 '증거'라고 하는 말은 헬라어의 '엘렉코스'입니다. 그 의미는 '보이지 않는 것들의 내적 확신'을 말합니다.

하나님께서 노아에게 홍수심판 예언을 하셨을 때 당시 상황은 비가 올 수 있는 아무런 징조도 볼 수 없었습니다. 그럼에도 불구하고 노아는 방주를 짓기 시작을 했습니다. 이것을 가능하도록 한 것이 바로 믿음입니다. 노아는 이 믿음의 눈을 통해서 비가 철철 내리고 온 땅이 물에 잠기는 것을 본 것입니다. 이런 의미에서 사도 바울은 아주 중요한 말을 했습니다.

> "이는 우리가 믿음으로 행하고 보는 것으로 행하지 아니함이로라"(고후 5:7)

많은 성도들이 믿음의 문제에 대해서 많은 갈등을 하게 됩니다. 그것은 성도들이 하나님에 대한 잘못된 기대를 갖고 있기 때문입니다. 사람들은 하나님께서 어떤 특정한 방법으로 그들의 기도에 응답하시기를 기대하고 있습니다. 즉 하나님의 방법이 아닌, 자신의 방법대로 응답하시기를 기대합니다. 그리고 하나님께서 그들의 원하는 방법으로 역사하시지 않을 때 믿음의 갈등을 일으키게 됩니다. 그러나 하나님은 변하시지 않으시며, 완전한 우리 믿음의 대상이십니다. 문제는 하나님에게 있는 것이 아니라 내 믿음에 있습니다. 하나님께서 우리의 믿음을 제한하시는 것이 아니라, 항상 내 믿음을 제한하는 것은 나 자신입니다.

우리가 가끔 믿음으로 착각하는 것들이 있습니다. 다른 것은 몰라도 믿음만큼은 착각하지 말아야 합니다. 그럼에도 우리는 믿음이 아닌 것을 믿음으로 착각하는 경우가 너무 많습니다. 첫째는 '환상'을 믿음으로 착각하지 말아야 합니다. 또는 공상을 그리며 그것을 믿음의 실상으로 착각하면 안 됩니다. 어떤 사람은 자기가 꾼 꿈을 실상으로 착각하는 사람도 있습니다. 공상을 실상으로 믿으면 신비주의에 빠지기 쉽습니다. 그 다음 두 번째로 우리가 믿음과 혼동하지 말아야 하는 것 중에 하나는 '신념'입니다. 신념과 신앙은 전혀 다른 개념입니다. 신념이란 자기 자신을 믿는 것을 말하는 것입니다. 가끔 사람들은 자기의 의지를 불태우며 결심을 할 때가 있습니다. 그런데 그것을 믿음이라고 생각하면 안 된다는 것입니다. 그것은 자기 신념에 불과할 뿐입니다. 그러나 신앙은 하나님을 믿는 것을 말합니다. 나는 할 수 없지만 하나님 안에서는 모든 것이 가능하다고 믿는 것을 말합니다. 세 번째로 우리가 믿음과 또 혼동하지 말아야 하는 것은 '무모한 용기'입니다. 많은 사람이 무모한 행동을 하고 있으면서도 그것을 믿음으로 착각하고 있습니다. 그런데 무모한 용기와 믿음은 구별하기 힘들 때가 있습니다. 어떤 목회자는 자기의 욕심을 이루기 위해서 무모한 행동을 할 때가 있습니다. 그리고 자기의 행동을 이해하지 못하는 성도들을 가리켜 믿음이 없기 때문이라고 다그치기도 합니다. 그러나 이것을 구별하는 방법이 있습니다. 그것은 하나님의 말씀입니다. 왜냐하면 믿음의 근거는 철저히 하나님의 말씀이기 때문입니다.

"그러므로 믿음은 들음에서 나며 들음은 그리스도의 말씀으로 말미암았느니라"(롬 10:17)

그러므로 우리가 무엇인가 이루고 싶은 충동과 욕심이 발동이 될 때에는 무모하게 행동을 해서는 안 됩니다. 제일 중요한 것은 먼저 하나님의 말씀 가운데에서 그 근거를 찾는 일이 중요합니다. 우리는 나의 신념과 환상과 욕구를 믿으면 안 됩니다. 이런 것들은 우리의 믿음의 대상이 되지 못합니다. 오직 우리 믿음의 대상은 객관적 진리인 하나님 말씀 뿐입니다.

그러므로 우리가 믿음으로 증거를 얻는 단계는 6가지 단계를 반드시 거쳐야만 한다고 누군가 말했습니다. 첫째는 하나님의 말씀입니다. 둘째는 하나님의 말씀을 듣는 단계입니다. 셋째는 하나님의 말씀을 절대적으로 수용하는 믿음의 단계입니다. 넷째는 객관적인 실체를 확신하는 단계입니다. 즉 실상을 바라보는 단계입니다. 다섯째는 믿는 대로 행동하는 것입니다. 그리고 마지막 여섯 번째는 믿음의 증거를 마지막으로 얻는 단계입니다. 대단히 일리가 있는 말이라고 생각합니다.

다시 한 번 노아의 믿음을 생각해 보면 '앞으로 심판이 있을 것이다'라는 하나님의 음성을 노아는 듣게 됩니다. 이것은 노아의 착각이 아니라 객관적인 하나님의 계시였습니다. 그 때 노아는 그 하나님의 말씀을 믿었습니다. 그 다음 노아는 홍수로 인하여 온 세상이 물에 잠기는 것을 실상으로 바라보았습니다. 그 다음 노아는 행동했습니다. 실제로 산꼭대기로 올라가 방주를 만들었습니다. 그 결과 노아는 자기와 그의 온 가족이 구원을 받는 증거를 얻었던 것입니다.

여호수아는 '여리고성을 일곱 번 돌라'는 하나님의 음성을 들었습니다. 그리고 그 말씀을 믿었습니다. 그리고 여호수아는 행동했습니다. 그 결과 여리고 성이 와르르 무너지는 증거를 얻었던 것입니다. 만약에 여기서 하나님의 말씀이 없는 상태에서 여호수아가 여리고성을 매일같이 돌고 있다면 그것이야말로 정신병자들의 행동과 같은 무모한 짓일 것입니다. 노아가 하나님의 말씀 없이 괜히 산꼭대기에다 배를 짓고 있었다면 그것 역시 정신병자였을 것입니다. 여기서 중요한 것은 제일 먼저 하나님의 말씀을 듣는 일이고, 다음은 그 말씀을 믿음을 통하여 실상으로 바라보는 일입니다. 그리고 믿음을 행동화할 때 비로소 우리는 믿음의 증거를 얻게 됩니다.

어떤 젊은 아가씨가 배우자를 얻으려면 믿음을 갖고 구체적으로 구하라는 목사님의 설교 말씀을 듣고 그대로 실행에 옮겼습니다. 즉 시장에 나가서 길쭉한 청바지 하나를 사다가 벽에 걸어놓고 "이 청바지가 꼭 맞는 남자를 만나게 해 주시옵소서."라고 기도를 했습니다. 그런데 나중에 좋은 남자를 만나 결혼을 하게 되었는데 놀랍게도 그 청바지가 꼭 맞는 남자였다고 합니다.

하루는 스펄전 목사님이 자기 제자들에게 런던 거리에서 옥외집회를 열도록 그들을 보냈습니다. 그 제자들은 날마다 집회를 열고 그 결과를 스펄전 목사님께 보고를 했습니다. 어떤 제자는 큰 성공을 거두었지만 어떤 제자는 실패를 맛보았습니다. 어느 날 집회에 실패를 한 젊은 제자가 얼굴에 풀이 죽은 채 스펄전 목사님께 다가와서 말했습니다. "목사님, 저는 왜 사람들을 그리스도께로 인도할 수 없는지 이해할 수가 없습니다. 나는 집회 때마다 충실히 설교도 하고, 최선을 다했는데 사람들은 내 설교에 별다른 반응을 보이지 않습니다." 그 때 스펄전 목사님은 잠시 그 젊은 제자를 보고 이렇게 말했습니다. "당신은 당신이 사람들에게 설교할 때마다 하나님의 능력이 진정 저들의 영혼을 구원하실 것이라고 기대하고 있습니까?" 젊은 제자는 목사님의 질문에 당황하며 말했습니다. "아니죠. 저는 그것을 기대할 수 없습니다. 생각해 보십시오. 저는 아직 교육 과정도 마치지 못했고, 다른 이들처럼 많은 은사와 재능도 없는 보잘것없는 사람입니다. 당연히 기대해서도 안 되는 것 아닙니까?" 그 때 스펄전 목사님은 큰 소리로 말했습니다. "그것이 당신이 결과를 못 보는 이유입니다." 젊은 제자는 믿음의 결과를 기대하지 않았던 것입니다. 만일 우리가 믿음으로 결과를 기대하지 않으면 그 어떤 것도 얻을 수 없게 됩니다.

누구나 실상은 그릴 수 있습니다. 그런데 문제는 실상을 증거화하는 일에 대부분의 사람들이 실패를 합니다. 증거화 되지 않는 실상은 한 마디로 공상밖에 되지 않습니다. 실상을 증거화시키는 힘은 오직 믿음밖에 없습니다. 그래서 본문에서 믿음은 바라는 것들의 실상이요 보이지 않는 것들의 증거라고 한 것입니다.

이제 마지막으로 우리 성도들의 궁극적인 실상은 어디에 있을까요? 성도들의 궁극적 실상은 천국에 있습니다. 물론 우리 가운데 천국에 가 본 사람은 한 사람도 없습니다. 그럼에도 불구하고 우리는 천국과 지옥을 의심하지 않습니다. 그것은 객관적인 성경말씀에 대한 믿음이 우리에게 있기 때문입니다. 그 믿음으로 우리는 천국을 실제로 가 본 사람처럼 천국 백성으로 살아가고 있는 것입니다. 이것이 우리들의 증거입니다. 증거는 마치 영수증과 같은 것입니다. 지금 여러분의 삶 가운데 믿음의 증거는 어떤 것입니까?

17.

약함에서
온전함으로

고린도후서 12장 7~10절

"⁷여러 계시를 받은 것이 지극히 크므로 너무 자만하지 않게 하시려고 내 육체에 가시 곧 사탄의 사자를 주셨으니 이는 나를 쳐서 너무 자만하지 않게 하려 하심이라 ⁸이것이 내게서 떠나가게 하기 위하여 내가 세 번 주께 간구하였더니 ⁹나에게 이르시기를 내 은혜가 네게 족하도다 이는 내 능력이 약한 데서 온전하여짐이라 하신지라 그러므로 도리어 크게 기뻐함으로 나의 여러 약한 것들에 대하여 자랑하리니 이는 그리스도의 능력이 내게 머물게 하려 함이라 ¹⁰그러므로 내가 그리스도를 위하여 약한 것들과 능욕과 궁핍과 박해와 곤고를 기뻐하노니 이는 내가 약한 그 때에 강함이라"(고후 12:7~10)

이 세상 사람들 중에 고통에서 자유로운 사람은 단 한 사람도 없습니다. 그래서 고통이 없기를 바란다는 것은 죽기를 바란다는 뜻과 같습니다. 심지어는 누구보다 하나님의 큰 은혜를 받은 사도 바울도 가시와 같은 고통이 있었습니다. 바울은 그 가시의 정체에 대해서 단 한 번도 언급한 적이 없었습니다. 그러므로 그 가시는 바울만 알고 있는 가시였습니다. 우리는 단지 짐작만 할 뿐입니다.

사람들마다 바울의 가시에 대해서 말을 합니다. 흔히 바울이 다메섹 도상에서 하늘의 밝은 빛을 본 후 시력을 잠깐 잃었던 적이 있었는데, 그 때 얻은 안질과 같은 눈병일 것이라고 주장을 하기도 합니다. 혹자는 간질병이었을 것이라고 말합니다. 종교개혁자 칼빈은 '바울 자신이 받았던 영적인 유혹, 즉 의심, 가책, 갈등 같은 것을 말한다.'라고 했습니다. 또한 루터는 말하기를 '바울이 받았던 가시는 곧 핍박이다'라고 해석했습니다. 로마 천주교에서는 '그가 독신 생활에서 자주 일어나는 본능적인 충동'이었을 것이라고 주장을 합니다.

그러나 어느 한 가지라도 분명한 사실은 없습니다. 다만 찌르는 가시라고 표현을 한 것을 보면 고질병임에는 틀림이 없습니다. 바울이 그 고질병을 가시라고 표현한 것은 해석하기에 따라서 재미가 있습니다. 가시라고 하는 것은 우리 눈에 보이지 않는 아주 작은 것입니다. 하지만 그 가시는 우리에게 엄청난 고통과 불편을 줍니다. 남 보기에는 멀쩡해도 속으로 앓는 것이 가시의 고통입니다. 사람들에게는 정도의 차이는 있을지 모르지만 남모르는 가시를 모두 갖고 있습니다. 그리고 사도 바울이 이 가시를 가리켜 사탄의 사자라고 표현을 한 것을 보면 이 가시로 인하여 바울이 펼쳐나가고 있는 복음 사역이 큰 방해를 받고 있었다는 사실도 짐작할 수 있습니다.

사도 바울은 이 가시가 얼마나 괴로웠었는지 하나님 앞에 세 번씩이나 기도를 했다고 했습니다. 사람은 엄청난 질병 앞에서 진실해질 수밖에 없습니다. 건강할 때는 세상 무서운 줄 모르고 살던 사람도 된서리와 같은 병치레를 한 후 완전히 기가 꺾여 있는 모습을 종종 보게 됩니다. 아무리 교회에 대해서 부정적인 사고를 갖고 있던 사람도 중병에 한 번 걸리게 되면 하나님을 찾게 됩니다. 그래서 하나님은 종종 이 질병을 수단으로 사용하실 때가 있습니다.

아무리 믿음이 좋고 은혜가 충만한 바울이었지만 육체의 고통 앞에서는 어쩔 수가 없었습니다. 그렇게 신유의 체험도 많이 하고, 남의 병도 많이 고쳐주었던 그였지만 실제로 자기가 아프다보니 하나님께 엎드려 기도할 수밖에 없었습니다. 물론 바울이 감기 몸살 정도를 가지고 세 번씩이나 기도하지는 않았을 것입니다. 그 만큼 가시의 고통이 심각했음을 짐작할 수 있습니다.

그런데 놀라운 사실은 하나님께서 그의 기도를 거절하셨다는 점입니다. 만약 하나님께서 바울의 기도를 응답해 주셨다면, 우리는 이 순간 바울의 모범적인 기도에 대해서 이야기를 해야 했을 것입니다. 그러나 예수 이름으로 무엇이든지 구하면 주신다는 약속을 믿고 기도했음에도 불구하고 거절당한 것입니다. 세 번씩이나 기도한 바울에게 돌아온 것은 빈 그릇이었습니다. 이런 경우에 빈 그릇을 받아 든 많은 사람들이 허탈해하며 시험에 들기도 합니다. 우리는 이 상황에서 바울의 위대함을 발견하게 됩니다. 그 위대함이란 결코 하나님은 빈 그릇을 주시는 분이 아니라는 사실을 믿고 있었다는 사실입니다.

사람들이 빈 그릇이라고 낙심하는 이유는 자기가 원하는 것이 그 그릇 속에 담겨져 있지 않았기 때문입니다. 이것은 기도의 기본 상식을 모르는 사람들입니다. 기도는 하나님의 뜻을 확인하는 작업입니다. 그러므로 하나님은 내가 원하는 것을 담아 주시는 분이 아니라, 하나님이 원하시는 것을 담아주신다는 사실입니다. 그래서 어떤 의미에서 무응답도 응답으로 계산을 해야 합니다. 바울은 무엇인가 하나님께서 원하시는 응답이 그릇 속에 있을 것이라는 확신을 가지고 그릇을 뒤져보았습니다. 우리도 마찬가지입니다. 빈 그릇처럼 보인다고 버리면 안 됩니다. 반드시 뒤져 보아야 합니다. 이것이 진정으로 기도하는 사람의 모습입니다.

놀랍게도 그 그릇 속에는 하나님께서 바울에게 가시를 주신 두 가지 이유가 들어 있었습니다. 매를 맞아도 합당한 이유를 알면 얼마든지 감사하며 감당할 수 있습니다. 그러나 이유를 모르고 당한다면 그 것처럼 저주스러운 일은 없습니다. 그러면 하나님께서 바울에게 가시를 주신 이유는 무엇 이었을까요?

첫째는, 바울을 너무 교만해지지 않게 하시기 위해 예방적 차원에서 가시를 주셨다는 것입니다. 그렇습니다. 우리가 아는 대로 바울은 여러 가지 면으로 교만해지기 쉬운 필요 충분 조건을 모두 갖춘 사람입니다. 뿐만 아니라 얼마나 많은 은혜를 체험한 사람입니까? 그리고 그는 성격적인 면으로도 자아가 대단히 강한 사람이었고 다혈질의 사람이었습니다. 하나님이 보실 때도 바울은 너무나도 위험한 인물이었습니다. 이것이 바울에게 가시를 준 첫 번째 이유였습니다.

17. 약함에서 온전함으로

그 다음 두 번째 이유는, 사람은 약한 데서 온전해진다는 진리를 깨우쳐주시기 위해서였습니다.

"나에게 이르시기를 내 은혜가 네게 족하도다 이는 내 능력이 약한 데서 온전하여짐이라 하신지라 그러므로 도리어 크게 기뻐함으로 나의 여러 약한 것들에 대하여 자랑하리니 이는 그리스도의 능력이 내게 머물게 하려 함이라"(고후 12:9)

바울은 이러한 응답을 받은 후 평소에 본인이 갖고 있었던 생각들이 얼마나 잘못된 것인지를 깨닫게 되었습니다. 물론 가시가 없으면 육체적으로는 더 건강해질지 모르지만 영적으로 보면 그 반대입니다. 실제로 바울은 주님의 말씀처럼 이 가시 때문에 겸손했고, 더욱 하나님께 매달리는 사람이 되었습니다. 그 결과 바울에게는 언제나 은혜와 성령이 충만할 수 있었습니다. 이것은 엄청난 전도 효과를 가져왔습니다. 바울이 가는 곳마다 에베소와 고린도가 무너졌고, 빌립보가 항복을 했습니다. 드디어 바울은 자기가 원했던 대로 죄수의 신분이기는 했지만 복음을 들고 로마의 중심까지 들어갈 수 있었습니다. 훗날 로마는 복음화가 되었습니다.

이와 같은 진리를 깨달은 바울은 자기에게 주신 가시에 대해서 기뻐하며 자랑한다고 고백을 했습니다(9절). 그리고 바울은 사는 날 동안 그 가시에 대해서 다시는 기도하지 않았습니다. 그런데 나중에 보니 바울이 하나님으로부터 받은 것은 결코 빈 그릇이 아니었다는 사실입니다. 다른 방법으로 바울의 기도를 응답해 주셨습니다. 그것은 바울이 사는 날 동안 의사였던 누가를 바울의 주치의로 따라다니게 하여 바울의 건강을 돌보게 하셨던 것입니다.

"사랑을 받는 의사 누가와 또 데마가 너희에게 문안하느니라" (골 4:14)

"누가만 나와 함께 있느니라 네가 올 때에 마가를 데리고 오라 그가 나의 일에 유익하니라"(딤후 4:11)

세계에서 가장 좋은 향수는 발칸 산맥의 장미에서 나온다고 합니다. 그런데 향수를 제조하는 사람은 반드시 한밤중에 장미를 땁니다. 즉, 밤 12시에 장미를 따기 시작해서 2시간 안에 일을 끝내게 됩니다. 이처럼 짧은 시간 내에 장미를 따는 데에는 과학적 실험에 근거를 두고 있습니다. 장미는 한밤중에 가장 향기로운 향을 발산하기 때문입니다. 태양이 비치는 낮에는 향기의 40퍼센트 가량이 감소된다고 합니다. 우리 인간의 인격과 신앙의 향기는 인생의 태양이 가장 뜨겁게 비칠 때가 아니라 극한 고난과 절망과 아픔의 밤에 발산이 되는 법입니다. 따라서 진정한 그리스도인은 고난의 밤에 주시는 그 향기에 대해서 감사하며 그 향기를 주님께 드릴 수 있어야 합니다.

어느 숲 속에서 두 사람의 벌목꾼이 백년이 훨씬 넘어 보이는 거목을 벌목하고 있었습니다. 힘들게 나무를 잘랐을 때에 그 나무에서 기이한 것을 발견했습니다. 그것은 독특한 나이테였습니다. 그 나무의 나이테는 긴 수명을 반영하듯 상당히 많았습니다. 그런데 그 중에 다섯 개는 다른 나무 테와는 달리 촘촘히 위치해 있었고, 그 다섯 개의 나이테 바깥쪽으로는 넓은 간격을 둔 나이테들이 가지런히 배열되어 있었습니다. 한 벌목꾼이 아주 조밀하게 나있는 다섯 개의 나이테를 보고 말했습니다. "이 나무는 5년간의 가뭄기간 동안 전혀 자라지 못했군." 그러자 다른 벌목꾼은 그와는 전혀 다른 의견을 제시했습니다. "물론 그 가뭄기간에는 나무가 크게 자라지 못했어. 하지만 가뭄으로 인해 부족한 수분과 양분을 얻기 위해 이 나무는 깊이 뿌리를 내렸고, 뿌리가 강화되면서 이 나무는 전보다 성장을 더욱 촉진시킬 수 있는 조건을 가지게 되었지. 고난을 이겨냈기에 이런 거목이 될 수 있었던 거야. 이 다섯 개의 나이테 이후에 생긴 나이테가 넓은 간격을 두고 생긴 것이 그 증거일세." 이를 듣고 있던 벌목꾼도 말했습니다. "5년의 가뭄기간이 이 나무의 일생에서 매우 중요한 시기였군."이라고 하면서 동료의 의견에 끄덕였습니다.

변두리에서 중심으로

1704년 독일의 베냐민 슈몰크 목사 내외가 먼 지역의 심방을 마치고 집에 돌아와 보니 사택이 완전히 불에 타버리고, 여기 저기 아직 타다 남은 곳에서 연기를 내뿜고 있었습니다. 슈몰크 목사 내외는 집을 보던 어린 아들 형제를 열심히 불러보았으나 아무 응답이 없었습니다. 불길한 생각이 들어 타다 남은 잿더미를 들쳐보니 거기에 두 형제가 서로 부둥켜 안은 채 불에 타죽어 있었습니다. 슈몰크 목사 내외는 새까맣게 타버린 사랑하는 두 아들의 시신을 앞에 놓고 두 무릎을 꿇고 하나님 앞에 울부짖었는데 하나님께서 목사님을 위로해 주셨습니다. 그 위로의 시가 바로 찬송가 549장 찬송의 가사입니다. "날 주관하셔서 뜻대로 하소서. 살든지 죽든지 뜻대로 하소서."

하늘의 시인이라고 부르는 송명희 자매(1963~)는 뇌성마비의 몸으로 태어나 오십을 훨씬 넘긴 나이인데 그가 예수님을 알고 나서 그분께 드리는 편지를 쓴 적이 있습니다. 그 편지의 서두는 '고난의 선생님께 드리는 편지'라는 말로 시작됩니다. 그녀가 고통을 안고 얼마나 몸부림쳤으면 예수님을 향해 고난의 선생님이라고 불렀겠습니까? 그가 쓴 편지 중에 한 부분입니다.

"선생님을 좇은 후에도 고난은 저를 떠나주지 않았고 오히려 고난이 많아져 고통스러움은 더해만 갔었는데, 선생님이 제 옆에 계셔서 육신은 고달픔이 있으나 마음은 편안했고 감사함으로 고난의 길을 잘 밟을 수 있었지요. 의심과 두려움이 있을 때는 '두려워 말고 믿기만 하라' 슬프고 괴로울 때는 '애야 나는 너를 사랑 한단다'. 제가 도저히 용서받을 수 없는 잘못을 했을 땐 '그래도 나는 너를 사랑한단다.' 선생님은 그렇게 수없이 말씀하시며 그 부드러운 손으로 안아주셨지요. 제가 선생님을 만난 후, 건강이 없어도, 지식이 없어도 많은 재물이 없어도, 선생님이 계시기에 감사할 수 있었지요. 선생님, 감사의 성숙과 이해의 성숙은 고난이 아니면 얻어지는 게 아닌가 봅니다."

우리가 고난 앞에서 승리하는 비결은 첫째로 나 자신을 낮추는 일입니다. 잃은 것을 생각하지 말고, 더 이상 잃어서는 안 된다는 강박관념도 버려야 합니다. 두 번째 비결은 하나님을 의뢰해야 합니다. 고통의 프로그램이 하나님의 손안에 있기 때문입니다. 그래서 고난에서 벗어나기 위해 몸부림치기보다는 오히려 하나님께서 고난을 통하여 새로운 자아를 만드시도록 해야 합니다.

18.

사망에서
생명으로

베드로전서 3장 20~22절

"²⁰그들은 전에 노아의 날 방주를 준비할 동안 하나님이 오래 참고 기다리실 때에 복종하지 아니하던 자들이라 방주에서 물로 말미암아 구원을 얻은 자가 몇 명뿐이니 겨우 여덟 명이라 ²¹물은 예수 그리스도께서 부활하심으로 말미암아 이제 너희를 구원하는 표니 곧 세례라 이는 육체의 더러운 것을 제하여 버림이 아니요 하나님을 향한 선한 양심의 간구니라 ²²그는 하늘에 오르사 하나님 우편에 계시니 천사들과 권세들과 능력들이 그에게 복종하느니라"(벧전 3:20~22)

요즈음 시대를 보면서 많은 사람들이 말세가 되었다는 말을 이 구동성으로 하게 됩니다. 무엇보다도 성경에서 말씀하고 있는 마지 막 때의 징조를 고스란히 현실 속에서 확인할 수 있기 때문입니다. 또한 자연 파괴로 인한 기상재해 소식이 지구촌 구석구석에서 날 마다 들려오고 있습니다. 그런가 하면 기상 이변이 얼마나 많이 일 어나고 있습니까? 2009년도 11월에 노회 세계선교부 일로 인도네 시아 기독교 자바교단 총회에 다녀온 적이 있었습니다. 저희들이 묵을 숙소가 해발 1,900미터가 넘는 '머라피'라고 산 밑에 준비되 어 있었습니다. 그 산은 너무나 놀라운 산이었습니다. 삼각형 모양 의 뾰족한 봉우리를 갖고 있었는데 그 산 정상에서 공장의 굴뚝처 럼 연기가 계속 피어오르고 있었습니다. 약 40년 전에 화산이 폭발 한 적이 있었다고 하는데, 그 이후에도 화산활동이 계속되고 있는 활화산이었습니다. 바로 그 산 밑에서 이틀씩이나 잠을 잤던 것입 니다. 그런데 놀라운 사실은 저희 일행이 한국에 돌아온 후 얼마 안 있어 그 화산이 폭발을 했습니다. 그 산 주변 전체가 잿더미로 변해

버린 모습을 매스컴을 통해 볼 수 있었습니다.

또한 우리가 살아가고 있는 현재는 인간의 도덕 윤리가 완전히 실종된 시대입니다. 인간들이 자행하고 있는 범죄행위는 그야말로 인간의 상상을 초월하고 있습니다. 십대들의 성적 타락도 이미 위험 수위를 넘어선지 오래 되었습니다. 그런데 성경에 보면 이러한 현상들이 하나님의 심판이 있기 바로 직전에 일어났다는 사실을 우리는 주목해야 합니다. 노아의 홍수 심판, 소돔 고모라의 유황불 심판, 그리고 이스라엘의 멸망직전의 상황, 본문을 기록하고 있는 사도 베드로가 살았던 시대가 그러했습니다. 그래서 사도 베드로도 그 시대를 살고 있는 모든 성도들에게 힘주어 경고를 했습니다.

"만물의 마지막이 가까이 왔으니 그러므로 너희는 정신을 차리고 근신하여 기도하라"(벧전 4:7)

베드로 사도는 지금 세상의 마지막 때가 가까이 왔다는 사실을 확신하고 있습니다. 그래서 베드로는 그 시대 사람들을 향하여 노아 방주의 의미를 해석해 주고 있습니다. 종말론적인 교훈이라고 할 수 있습니다. 본문을 통해서 베드로는 노아 방주의 사건을 아주 신령한 각도에서 해석하고 있습니다.

"그들은 전에 노아의 날 방주를 준비할 동안 하나님이 오래 참고 기다리실 때에 복종하지 아니하던 자들이라 방주에서 물로 말미암아 구원을 얻은 자가 몇 명뿐이니 겨우 여덟 명이라"(벧전 3:20)

여기서 베드로는 노아가 방주를 준비하는 기간은 하나님이 오래 참고 기다리시는 기간이었다고 말씀하고 있습니다. 성경은 노아가 방주를 120년 동안 지었다고 했습니다. 그러므로 이 120년은 노아가 방주를 짓는 기간인 것 같지만 실제로는 하나님께서 심판을 뒤로 미루시고 참고 기다리시는 기간이었다고 할 수 있습니다. 그러므로 이 기간은 인간에게 있어서 마지막으로 주어지는 은혜의 때였음을 잊지 말아야 합니다.

항상 하나님의 은혜는 종말론적입니다. 노아의 홍수심판을 우주적 종말이라고 한다면, 우리 모두가 겪게 되는 죽음의 사건은 개인적 종말이라고 할 수 있습니다. 노아 시대에 방주의 문이 열려 있는 기간이 은혜의 기간이듯, 개인이 아직 살아서 숨을 쉬고 있는 기간 역시 은혜의 기간입니다. 아직 살아만 있다면 무엇이든지 할 수 있는 가능성과 기회는 열려 있기 때문입니다. 그러나 죽게 되면 모든 것이 종료가 됩니다. 다시는 기회가 주어지지 않습니다. 그러므로 마지막 때 종말을 준비하며 사는 것처럼 중요한 일은 없습니다.

변두리에서 중심으로

1870년 2월 16일에 세상을 떠난 어느 할머니의 이야기입니다. 이 할머니는 생전에 믿음생활을 잘 하였는데, 별세하기 3일 전에 기도를 하던 중 홀연히 천사가 나타나 3일 후에 자신을 데려가겠다는 계시를 받게 됩니다. 그래서 할머니는 집안 식구들에게 "내가 3일만 있으면 하나님께로 가니 그리 알아라."라고 하였습니다. 그러자 식구들은 "아직 멀쩡하신데 왜 죽어요?"라며 할머니의 말을 믿는 사람이 한 사람도 없었습니다. 그 후에 할머니는 음식을 드려도 "난 하늘나라에 가서 좋은 것을 먹을 텐데 이제 세상 음식은 안 먹는다."라며 거절을 했습니다. 드디어 3일 째가 되던 날 아침, 동네 사람들은 그 할머니의 집 지붕 위로 무지개가 뻗쳐 있는 것을 보았습니다. 그 할머니는 "이제 천사가 나를 데리러 왔구나."라고 속삭이며 숨을 거두었습니다. 이 사건을 바라보며 집안 모든 식구와 많은 동네 사람들이 예수를 영접하게 되었다고 합니다.

마지막 때를 알고 있었던 노아는 120년 동안 열심히 전도를 했습니다. 이런 모습이 종말을 사는 사람의 모습입니다. 노아는 부지런히 하나님의 의를 전파했습니다(벧후 2:5). 그런데 놀랍게도 자기 식구 8명만 겨우 구원을 받았다고 본문은 말씀합니다. '겨우 여덟 명이라(20절)'란 표현은 노아의 전도 능력이 형편 없었음을 지적하는 표현이 아니라, 노아의 시대가 얼마나 악한 시대였는지를 반증하는 표현이라고 할 수 있습니다. 그리고 베드로는 여덟 명 밖에 구원받지 못했다는 사실보다는 보다 깊은 영적 의미에 더 초점을 맞추고 있습니다.

"물은 예수 그리스도께서 부활하심으로 말미암아 이제 너희를 구원하는 표니 곧 세례라 이는 육체의 더러운 것을 제하여 버림이 아니요 하나님을 향한 선한 양심의 간구니라"(벧전 3:21)

즉 노아의 여덟 식구들에게 일어났던 일들이 오늘날 세례를 받는 성도들에게 일어날 일들이라고 신학적 조명을 하고 있는 것입니다. 노아의 식구들은 40주야 비가 쏟아지는 상황에서 어두운 방주 속에 갇혀 있었습니다. 거기서 대홍수의 심판을 통과할 수 있었습니다. 이것이 세례의 의미입니다. 성도들은 세례를 통해서 물속에 잠기지만 그리스도의 죽음과 부활에 동참함으로써 심판을 통과하게 되고 궁극적으로 구원을 받게 됩니다. 노아의 식구들이 방주 안으로 들어갔을 때, 방주의 문을 닫은 것은 노아가 아니라 하나님이셨습니다(창 7:16). 그러므로 방주는 완전한 노아 식구의 피난처가 될 수 있었습니다. 이제 노아는 옛 세상과는 완전히 단절된 채로 40일 심판 기간을 보내야 했습니다. 이제 심판 기간이 끝난 후 방주의 문을 닫으셨던 하나님께서 노아의 식구들을 방주 밖으로 인도하셨습니다. 이처럼 구원에 관한 모든 주권은 하나님께 있습니다.

"(15)하나님이 노아에게 말씀하여 이르시되 (16)너는 네 아내와 네 아들들과 네 며느리들과 함께 방주에서 나오고 (17)너와 함께 한 모든 혈육 있는 생물 곧 새와 가축과 땅에 기는 모든 것을 다 이끌어내라 이것들이 땅에서 생육하고 땅에서 번성하리라 하시매"(창 8:15~17)

노아가 하나님의 명령에 순종하여 식구들을 데리고 다시 방주 밖으로 나왔을 때는 죄악이 넘쳤던 옛 세상은 어디론가 없어졌고, 무지개가 뜨는 새 하늘과 새 땅이 나타났던 것입니다. 이 사건을 베드로 사도는 신약교회의 세례 사건이라고 해석을 한 것입니다. 부연하면 내가 물속에 들어간 것은 예수 그리스도의 대속적 죽음에 동참함으로 나의 옛 자아가 죽었음을 의미합니다. 그리고 물 밖으로 나오게 되는 것은 예수 그리스도의 부활의 새 생명을 받아 새로운 자아로 거듭남을 의미합니다. 이것이 바로 진정한 세례입니다.

우리는 가끔 세례까지 받고 신앙생활 잘 하던 사람이 타락이 되어 세상으로 나가는 경우를 종종 보게 됩니다. 이런 사람은 교회에서 베푸는 형식적인 세례만 받았을 뿐 구원을 받지 못한 사람입니다. 구원이란 불가항력적인 하나님의 은총에 의해서만 이루어집니다. 신앙은 하나님과 나와의 일대일의 관계입니다. 그 관계성은 두 가지 방법에 의해서 이루어질 수 있습니다. 첫째는 내 손으로 하나님을 붙잡는 경우입니다. 이런 경우에는 신앙적 주체가 자기가 됩니다. 그러므로 내가 하나님을 붙잡았기 때문에 언제든지 내 마음대로

18. 사망에서 생명으로

손을 놓을 수도 있게 됩니다. 오늘날 이러한 신앙생활을 하고 있는 사람들이 의외로 많습니다. 이런 상태는 구원의 상태가 아닙니다.

그러나 진정한 구원은 두 번째의 경우입니다. 하나님의 손이 나를 붙잡으실 때 이루어진다는 사실을 알아야 합니다. 하나님의 손이 나를 붙잡고 계시기 때문에 내가 아무리 그 손에서 빠져 나오려고 발버둥을 쳐도 도저히 빠져 나올 수 없게 됩니다. 불가항력적입니다. 이 불가항력적인 하나님의 은총 앞에서 인간은 완전히 죽게 됩니다.

생각해 보면 노아가 자기가 120년 동안 배를 만들었다고 하여 그 배의 소유권을 주장할 수도 있었습니다. 그리하여 방주의 문고리를 자기가 쥐고 있었다면 어떻게 되었겠습니까? 자기 마음대로 문을 열고 나올 수 있게 됩니다. 이것은 구원이 아닙니다. 노아의 구원은 처음부터 강권적인 것이었습니다. 노아가 자기 구원을 위해 할 수 있는 일은 아무 것도 없었습니다. 순종하는 것뿐이었습니다. 방주의 문을 하나님께서 닫으셨기에 노아는 방주 안에서 꼼짝없이 죽어야 했습니다.

그러면 이 마지막 때를 살아가는 우리 시대의 방주는 무엇입니까? 바로 예수 그리스도의 십자가입니다. 방주 안에서 노아의 식구가 체험했던 모든 은혜를 우리는 십자가 안에서 체험하게 됩니다. 우리는 십자가 안에서 옛 사람은 죽게 되고, 십자가 안에서 궁극적으로 새 하늘과 새 땅을 볼 수 있는 거듭난 새 사람으로 거듭나게 됩니다.

> "그리스도 예수의 사람들은 육체와 함께 그 정욕과 탐심을 십자가에 못 박았느니라"(갈 5:24)

> "(8)만일 우리가 그리스도와 함께 죽었으면 또한 그와 함께 살 줄을 믿노니 (9)이는 그리스도께서 죽은 자 가운데서 살아나셨으매 다시 죽지 아니하시고 사망이 다시 그를 주장하지 못할 줄을 앎이로라"(롬 6:8,9)

그렇습니다. 오늘날 우리들의 방주는 십자가입니다. 방주 안에 들어간 노아의 식구들을 세상 사람들은 볼 수 없었듯이, 십자가 은혜 안에 감추어진 사람들의 거듭난 생명은 세상 사람들에게는 보이지 않습니다. 그래서 저들은 십자가의 구원을 미련한 것으로 봅니다. 감추어져 있다는 것은 보호를 받는다는 것을 의미합니다. 보호를 받는다는 것은 귀하기 때문입니다. 새 시대를 또 펼쳐나가야 할 주인공이기 때문에 귀한 존재입니다. 이제 십자가 뒤에 감추어진 우리들도 귀한 존재입니다. 왜냐하면 하나님의 자녀가 되어 하늘나라 상속을 이어갈 존재이기 때문입니다.

19.

지금에서
영원으로

디모데후서 4장 6~8절

"⁶전제와 같이 내가 벌써 부어지고 나의 떠날 시각이 가까웠도다 ⁷나는 선한 싸움을 싸우고 나의 달려갈 길을 마치고 믿음을 지켰으니 ⁸이제 후로는 나를 위하여 의의 면류관이 예비되었으므로 주 곧 의로우신 재판장이 그 날에 내게 주실 것이며 내게만 아니라 주의 나타나심을 사모하는 모든 자에게도니라" (딤후 4:6~8)

무슨 일이든지 시작도 중요하고 과정도 중요하지만 더욱 중요한 것은 끝맺음입니다. 좋은 환경에서 태어나는 것도 중요하지만 더욱 중요한 것은 어떤 모습으로 죽느냐의 문제입니다. 한 평생 목회를 잘 끝내고 은퇴하시는 목사님들을 보면 부럽기도 하고 존경스럽기도 합니다. 그리고 한 직장에서 3,40년 봉직하고 정년을 맞이하는 분들도 마찬가지입니다. 정말 인생을 잘 사신 분들입니다. 언젠가 어느 교회에서 은퇴예배 때 이런 내용으로 설교한 적이 생각납니다. "성공적으로 은퇴를 하는 것도 복입니다. 하나님께서 은혜를 주시지 않으면 은퇴를 할 수 없습니다. 좋은 교회도 주셔야 하고, 건강도 주셔야 하고, 사명도 잘 감당해야 합니다. 그러므로 오늘 은퇴하시는 분들은 하나님께 큰 영광을 돌리시기 바랍니다."

본문을 기록한 사도 바울을 여러분은 어떻게 생각하십니까? 한 마디로 아주 극단적인 삶을 산 사람 중에 한 사람이라고 할 수 있습니다. 한 때 바울은 엄청나게 그리스도인들을 핍박하던 사람이었습니다. 보통 유대인들은 그리스도인들을 미워하고 반대하는 정도였지만 바울만큼은 남달랐습니다. 이러한 바울을 주님은 다메섹 도상에서 완전히 거꾸러뜨리셨습니다. 바울이 예수 그리스도를 만나게 되는 것도 아주 극적이었습니다. 우리나라 기독교 초기에 김익두라는 사람도 비슷한 경우입니다. 그는 당대의 깡패요 난봉꾼이었습니다. 사람들이 장날이 되면 김익두를 만나지 않게 해 달라고 기도를 할 정도였다고 합니다. 그러던 김익두가 어느 날 술이 취해서 걸어가다가 공동화장실에 빠져 허우적거리는데 누구도 그를 구해주는 사람이 없었습니다. 모두 쳐다만 보고 침 뱉고 지나갔습니다. 나중에 그의 부인이 와서 겨우 구해주었는데, 술이 깬 후 그 사정 이야기를 듣고는 충격을 받아 비로소 교회를 출석하게 되었고 개과천선하게 됩니다. 마침내 희대의 김익두가 예수를 믿고 세례를 받게 되었습니다. 그날 그는 김익두가 죽었다는 부고장을 모든 사람들에게 보냈습니다. 사람들은 김익두의 장례식이 궁금하여 구경삼아 모여들었습니다. 그런데 장례식에 와 보니 김익두가 깨끗하게 한복을 입고 세례를 받고 있었습니다. 김익두는 자초지종 이야기하기를 오늘 자기는 물에 빠져 죽고 다시 태어나는 날이라고 대답했다고 합니다.

또 바울은 누구에게도 뒤지지 않는 최고의 배경을 갖고 있었습니다. 우선 훌륭한 출신성분을 갖고 있었습니다. 그는 베냐민 지파였습니다. 즉 왕족의 혈통이라고 할 수 있습니다. 이스라엘의 초대 왕 사울이 베냐민지파 사람이었기 때문입니다. 또 바울은 그의 말대로 바리새인 중의 바리새인이라고 자랑할 정도로 정통 율법주의자였습니다. 그는 흠이 없을 정도로 율법을 지켰다고 자신했습니다. 뿐만 아니라 그의 학문도 대단했습니다. 당시 유대 학문의 양대기둥 역할을 했던 가말리엘 문하에 들어가서 공부를 하였습니다. 또한 바울에게 로마 시민권이 있었던 것을 보면 그의 아버지도 최고의 유지였다는 것을 짐작하게 합니다.

이렇듯 바울은 모든 경우에 극단적인 최고를 지향했습니다. 그에게서 2등, 3등은 용납되지 않았습니다. 그런데 놀라운 사실은 하나님은 이런 사람을 사용하기를 원하신다는 것입니다. 우리나라 옛 말에 하나를 보면 열을 알 수 있다는 말이 있습니다. 바울에게서 이와 같은 철저한 모습은 그의 기질이었습니다. 이런 사람은 어떤 일을 해도 대충하는 법이 없습니다. 심지어는 교회를 핍박해도 적당히 핍박하는 사람이 아니었습니다. 율법을 지켜도 흠 없이 지키는 사람이었습니다. 공부를 해도 2등은 하지 않았습니다. 만약 이런 사람이 예수 그리스도를 영접하게 된다면 분명히 일등 사도가 되는 것은 분명한 사실입니다. 세상 일을 대충하는 사람이 교회 일을 철저히 할 수는 없습니다.

역시 바울은 다메섹 회심 사건 이후 타의 추종을 허락하지 않을 정도의 대사도로 변신을 하게 됩니다. 당시의 모든 유대인들은 바울이 최고의 유대 지도자가 될 것이라는 기대를 갖고 있었지만, 바울은 자기가 그동안 누렸던 모든 기득권을 배설물처럼 내 던지고 초라한 이방 사도가 되었습니다. 유대인들이 바울을 특히 박해했던 이유도 이런 이유 때문이었습니다.

이러한 바울을 하나님은 초라하게 세상 앞에 내버려두지 않으셨습니다. 각가지 하늘의 계시와 은혜를 내려 주셨습니다. 평소에 닦았던 탁월한 그의 학문은 13권의 성경을 기록하는 일에 쓰임을 받았습니다. 그리고 바울은 누구도 경험하지 못한 삼층천의 영적 체험까지 하게 되었습니다.

"(1)무익하나마 내가 부득불 자랑하노니 주의 환상과 계시를 말하리라 (2)내가 그리스도 안에 있는 한 사람을 아노니 그는 십사 년 전에 셋째 하늘에 이끌려 간 자라 (그가 몸 안에 있었는지 몸 밖에 있었는지 나는 모르거니와 하나님은 아시느니라)" (고후 12:1,2)

이러한 신령한 체험들은 바울로 모든 핍박을 견디게 했습니다. 그는 과거 핍박자였었기에 자신에게 주어지는 박해를 아무 말 없이 달게 받을 수밖에 없었습니다. 바울은 기독교 역사상 최고로 주님을 위해 모진 핍박을 감내했던 사람이 되었습니다. 이렇듯 바울의 삶에서 회색지대는 없었습니다. 흑백이 분명했습니다. 이것이 그리스도인의 아름다운 모습이요 능력이요 품위입니다. 그런데 본문 6절에서 바울은 이런 고백을 합니다.

"전제와 같이 내가 벌써 부어지고 나의 떠날 시각이 가까웠도다"(딤후 4:6)

바울은 파란만장했던 자신의 삶을 뒤로 하고 바짝 눈앞에 다가온 자신의 종말을 바라보고 있습니다. 바울이 표현한 '전제'란 제단 위에 올라간 제물 위에 포도주를 붓는 것으로서 제사의 마지막 의식입니다. 이렇게 마지막으로 포도주를 부음으로 말미암아 제물이 온전히 하나님께 바쳐졌다는 것을 의미하면서 제사는 끝이 났습니다. 이것은 무엇을 의미합니까? 바울은 한 평생 자기 생애를 산 제물로 생각하며 살았다는 것을 의미합니다.

"그러므로 형제들아 내가 하나님의 모든 자비하심으로 너희를 권하노니 너희 몸을 하나님이 기뻐하시는 거룩한 산 제물로 드리라 이는 너희가 드릴 영적 예배니라"(롬 12:1)

바울은 현재 자신의 위치가 제사에서 전제를 붓는 그 마지막 단계에 와 있음을 알고 있습니다. 본문 6절을 다시 살펴보면 '전제와 같이 내가 벌써 부어지고'라고 했습니다. 즉 전제의 포도주가 현재 부어지고 있다는 것입니다. 현재 진행형입니다. 그리고 '나의 떠날 시각이 가까웠도다.'라고 했습니다. 여기서 '떠나다'라는 말은 헬라어로 '아날뤼오'라는 단어를 사용합니다. 이 단어는 군사용어로서 막사를 거두고 진을 철수하는 것을 말합니다. 항해용어로는 배가 부두를 떠날 때 배의 닻줄을 푸는 것을 의미합니다. 이것이 최소한 바울이 갖고 있었던 죽음에 대한 이해였습니다. 사실 우리가 하루하루 산다는 것은 죽음의 종착역이 하루하루 가까워오고 있다는 의미와 다름없습니다. 그러므로 무엇보다도 바울과 같은 이러한 죽음에 대한 이해가 우리에게 필요합니다.

사도 바울은 죽음을 '떠나다'라는 표현을 함으로 인간의 죽음이란 천막을 거두고, 배가 떠나기 위해 닻줄을 푸는 것과 같다고 했습니다. 하지만 많은 사람들은 죽음을 끝이라고 생각을 합니다. 그러나 그렇지 않습니다. 배가 물속에 침몰하여 없어지는 것이 아니라, 다른 곳으로 가기 위해 닻줄을 풀고 출발하는 것이 죽음입니다. 그래서 바울은 죽음을 잠에 비유하기도 했습니다.

"그러나 이제 그리스도께서 죽은 자 가운데서 다시 살아나사 잠자는 자들의 첫 열매가 되셨도다"(고전 15:20)

죽음을 잠으로 이해한 것은 죽음이란 또 다른 안식의 시간이며, 또 다른 시작지점의 의미라는 점입니다. 아기가 어머니 태에서 열 달 동안 하는 일은 오직 잠자는 일뿐입니다. 그 동안 하나님은 내게 하실 일을 다 짜 놓으십니다. 세상에서 내가 할 일과 사명과 은사와 생명의 시간 확정과 나의 외모와 성을 부여하십니다. 이 모든 일이 잠자고 있을 때 이루어집니다. 그래서 잠은 사람됨의 시작지점입니다. 하나님은 잠을 통해서 역사하십니다. 아담을 잠재워 놓고 갈비뼈를 빼내서 하와를 만드셨습니다. 엄마가 잠자는 동안에도 잉태한 아이는 태속에서 자랍니다. 뼈가 자라고 키가 자라고, 머리가 자라고, 팔 다리가 자랍니다. 하나님은 사람들이 잠자는 시간을 통해서 일을 하시고, 환상을 주시고, 꿈을 주시고, 계시를 주십니다. 마리아에게도 잠잘 때 계시가 주어졌습니다. 야곱도 마찬가지입니다. 그리고 요셉에게도 그가 잠을 자고 있을 때 비전의 꿈을 주셨습니다. 이렇게 인간의 죽음이란 잠을 자는 것과 같다는 것입니다.

잠은 죽는 연습을 하는 시간입니다. 그래서 사람은 매일같이 죽는 연습을 합니다. 하루를 살고 밤이면 자리에 눕습니다. 잠을 잘 때는 모두 바닥에 누워 잠을 잡니다. 땅바닥에 누워 죽는 연습을 하는 것입니다. 의식이 서서히 가물거리고 없어지게 되고 깨보면 아침입니다. 이렇게 사람이 매일같이 땅바닥에 누워 자다가 어느 날 그 땅바닥에 오래 눕는 날이 옵니다. 그것이 죽음입니다. 땅에 눕는 것은 땅에 자신을 맡긴다는 의미입니다. 그것은 내 몸이 땅에서 왔기 때문입니다. 그러므로 우리 인생의 잠은 쉼표이면서 마침표라고 할 수 있습니다. 우리 신앙인은 이 쉼표도 잘해야 되지만 마침표도 잘 찍어야 합니다.

흑인 마틴 루터 킹 목사님이 암살 당하기 바로 두 달 전에 다음과 같은 설교를 하였습니다. 그 설교문의 일부분입니다. "저는 가끔 저의 죽음에 대하여 생각합니다. 그리고 저의 장례식을 그려봅니다. 만약에 여러분 중에 누가 혹시 저의 장례식에 계시다면 부디 길게 하지 말아 주십시오. 또 저의 장례식 조사도 짧게 해달라고 말씀해 주십시오. 그리고 조사를 하는 사람에게 제가 노벨 평화상을 탄 사람이라는 것을 말하지 말라고 부탁해 주십시오. 또 내가 그 외에도 삼백 개 가량의 표창과 상을 받았다는 것을 말하지 않게 해 주십시오. 그것은 중요한 것이 아니기 때문입니다. 다만 다른 사람들을 섬기는 일에 삶을 바치려고 노력했다고 말해 준다면 감사하겠습니다. 사람들을 사랑하려고 노력했고 굶주린 사람을 먹이려고 했으며, 헐벗은 사람에게 옷을 입혀 주려고 애썼으며, 감옥에 있는 사람들을 방문하려고 노력했고, 인류를 사랑하여 봉사하려고 힘썼던 사람이라고 말해 주시면 감사하겠습니다. 저는 남기고 갈 재물도 없습니다. 또 제 인생에서는 화려하고 사치스러운 것들을 남기고 갈 것도 없습니다. 다만 헌신된 생애를 남기기를 원합니다."

예수님은 "다 이루었다"고 고백하고 숨을 거두셨습니다. 스데반은 예수를 전하다가 웃음 띤 얼굴로 돌에 맞아 죽어갔습니다. 바돌로매는 오늘날 터키 땅에서 전도하다 잡혀 가죽이 벗겨져서 죽임을 당하였습니다. 도마는 주님 보기에 너무 죄송스러워 속죄하는 마음으로 인도까지 가서 전도하다가 돌에 맞아 순교하였습니다. 본문에서 바울은 선한 싸움을 다 싸우고 믿음을 지켰다고 했습니다. 모두 인생의 마침표를 잘 찍은 사람입니다. 우리는 어떤 마침표를 준비하고 있습니까?

20.

욕심에서
자족으로

빌립보서 4장 10~13절

"¹⁰내가 주 안에서 크게 기뻐함은 너희가 나를 생각하던 것이 이제 다시 싹이 남
이니 너희가 또한 이를 위하여 생각은 하였으나 기회가 없었느니라 ¹¹내가 궁
핍하므로 말하는 것이 아니니라 어떠한 형편에든지 나는 자족하기를 배웠노니
¹²나는 비천에 처할 줄도 알고 풍부에 처할 줄도 알아 모든 일 곧 배부름과 배고
픔과 풍부와 궁핍에도 처할 줄 아는 일체의 비결을 배웠노라 ¹³내게 능력 주시
는 자 안에서 내가 모든 것을 할 수 있느니라"(빌 4:10~13)

어느 교회에서 성경암송대회를 하였다고 합니다. 암송 구절은 너무나도 유명한 시편 23편이었습니다. 그런데 어느 노인 집사님 한 분이 자기가 암송을 하겠다고 앞으로 나와 대중 앞에 섰습니다. 지그시 눈을 감고 마이크 앞에 서서 암송을 하기 시작합니다. "여호와는 나의 목자시니 내가 부족함이 없으리로다." 그리고는 다음 구절을 깜빡 잊어버리고 말았습니다. 다음 구절이 입에서 뱅뱅 돌면서도 좀처럼 생각이 나질 않는 것입니다. 그래서 이 분이 다시 처음부터 하겠다고 하면서 암송을 합니다. 그러나 몇 번이고 또 해 보지만 역시 안 되는 것이었습니다. 그래서 할 수 없이 포기하고 자기 자리로 들어오는데, 이것을 너무 안타깝게 생각한 목사님이 "집사님, 용기를 갖고 한 번만 더 해 보세요."라고 자꾸 강요를 하니까 이 분이 이렇게 말을 하더랍니다. "여호와가 나의 목자가 되셔서 내게 부족함이 없다고 하는데 다른 것이 무엇이 더 필요하겠습니까?" 어떻게 보면 이것은 아주 명언 중에 명언입니다.

바울이 본문을 통해서 아주 유명한 고백을 하고 있습니다. "내가 궁핍하므로 말하는 것이 아니니라. 어떠한 형편에든지 나는 자족하기를 배웠노니…."라고 했습니다. 여기에서 '배웠다'라는 말은 경험에 의한 학습을 말합니다. 바울은 자족을 어머니 뱃속에서부터 천성적으로 갖고 태어난 것이 아니라 오랜 세월 수많은 경험을 통해서 배우게 되었다는 것입니다. 그러므로 자족이란 후천적이라는 것을 알아야 합니다.

사회가 불경기일수록 많이 강조되는 말이 절약과 절제라는 말입니다. 가정에서도 부모는 자녀들에게 무엇이든지 아끼라고 강조합니다. 교회에서도 허리띠를 졸라매야 한다고 하면서 긴축, 동결이라는 말을 많이 하게 됩니다. 사실 이 절제운동은 성경적인 운동이라고 해야 합니다. 왜냐하면 성령의 아홉 가지 열매 가운데 마지막 열매가 절제의 열매이기 때문입니다. 성도의 삶에서 절제의 선이 무너지게 되면 모든 열매는 의미가 없어집니다. 그래서 성령의 마지막 열매가 절제의 열매입니다.

옛날에 '아나다바 운동'이 있었습니다. 즉 '아껴 쓰고, 나눠 쓰고, 다시 쓰고, 바꿔 쓰자.'운동입니다. 일종의 절약이나 절제운동이라고 할 수 있습니다. 절약이나 절제는 솔직히 소비욕구를 눌러야 가능해지게 됩니다. 그러므로 절약과 절제를 할 때는 상당한 육신적 고통과 심적 갈등을 감내해야 합니다. 그런 의미에서 절약이나 절제보다 훨씬 적극적이고 강력한 말이 있습니다. 그것은 자족이라는 말입니다. 절약이나 절제의 개념 속에는 마음의 평안이 없습니다. 그러나 자족은 우리 마음에 평안이 넘치는 상태를 의미합니다. 절약과 절제 속에는 빈곤함이 있습니다. 하지만 자족 속에는 넉넉함이 있습니다.

미국의 위렌 위어스비라는 유명한 목사님은 자족하는 마음을 이렇게 설명했습니다. "자족하는 마음이란 '온도 조절기'와 같은 것이다. 그런데 많은 사람들이 '온도계'처럼 살아가고 있는데 문제가 있다."고 했습니다. 온도계란 밖의 온도가 올라가면 온도계의 눈금도 같이 올라갑니다. 또 온도가 내려가면 온도계의 눈금도 같이 내려갑니다. 이것이 대부분 사람들의 삶의 특징이라고 했습니다. 자기 주변의 형편이나 환경이 좋아지면 덩달아 의기양양 살아갑니다. 그러나 반대로 사정이 좋지 않게 되면 온도계 눈금처럼 영하로 내려가 버립니다. 그런데 온도 조절기는 그렇지 않습니다. 온도가 올라가면 온도 조절기는 더 이상 전열기가 돌아가지 못하도록 절제를 시켜줍니다. 그러다가 온도가 내려가면 온도 조절기는 온도가 올라가게 전열기를 작동시켜 온도를 조절해 줍니다. 그래서 온도 조절기가 있으면 항상 일정한 온도를 유지할 수 있게 됩니다. 이 온도 조절기가 자족하는 마음과 같다고 했습니다. 우리 마음속에 자족하는 마음이 있으면 어떤 환경이 나에게 닥친다고 할지라도 언제나 내 마음속에는 일정한 평안이 유지될 수 있는 것입니다.

지금 빌립보서를 기록하고 있는 바울의 형편은 어떻습니까? 바울은 현재 로마 감옥에 갇혀서 빌립보에 있는 성도들에게 이 편지를 쓰고 있습니다. 감옥소란 아마도 이 세상에서 가장 고통스럽고 불편한 장소일 것입니다. 그럼에도 불구하고 사도 바울은 그 불편한 자리에서 '기쁨'과 '자족'이라는 말을 하고 있다는 사실입니다. 그런데 우리는 어떻게 바울과 같은 자족을 가질 수가 있겠습니까? 본문은 아주 중요한 두 가지 교훈을 우리에게 주고 있습니다.

첫째로, 우리가 자족하려면 하나님의 주권을 신뢰하는 것부터 먼저 배워야 한다는 것입니다. 우리가 인생을 살다 보면 온갖 종류의 일을 다 겪으며 살게 마련입니다. 그 때마다 일희일비하면서 산다면 우리에게 자족은 영원히 주어지지 않을 것입니다. 세상 사람들은 우연을 믿습니다. 그러나 우리 신앙인들은 우연이나 행운을 믿지 않습니다. 신앙의 세계에서는 오직 필연만 있을 뿐입니다. 어떤 사건이든지 그 사건이 일어나야 할 이유가 있다는 사실을 우리는 믿고 있습니다. 예수님도 말씀하시기를 참새 한 마리도 하나님의 허락이 없이는 떨어지는 법이 없다고 하셨습니다. 이 말씀은 하나님의 주권을 벗어난 그 어떤 사건도 존재하지 않는다는 뜻입니다.

하나님의 주권 속에는 내 입 맛에 맞는 것만 있지 않습니다. 내 입 맛에 꼭 맞는 음식만 우리가 먹는다면 병에 걸려 죽게 될지도 모릅니다. 그러므로 하나님은 우리의 인생을 건강하고 복되게 하시기 위하여 우리 인생의 메뉴판을 주관하시는 분이십니다. 그런 의미에서 하나님께서 때마다 주시는 은혜의 특징은 맞춤형 은혜라는 사실입니다. 때로는 역경도 주시고 불행스러운 환경까지 주시지만 결국은 이 모든 것을 합력하여 선이 되게 하시는 하나님이십니다. 이러한 하나님의 주권에 대한 믿음만 있다면 얼마든지 자족할 수 있게 됩니다.

옛 말에 아무리 명의가 있고 명약이 있어도 병은 스스로 얻기도 하고, 스스로 고칠 수도 있다는 말이 있습니다. 이는 병을 얻는 것도, 낫게 하는 것도 바로 자기 자신이라는 뜻입니다. 사람의 몸에는 스스로 회복하려 하는 자생력이 있기 때문입니다. 온갖 보약을 다 찾아 먹고도 육십을 못 넘기는 사람이 있는가 하면, 유난을 떨지 않고도 병 없이 오래 살다 가는 사람도 있습니다. 내 몸에 가장 잘 맞는 것은 나를 창조하신 하나님이 가장 잘 알고 계십니다. 그런데 우리는 내 것과 다른 사람이 가진 것을 비교하기 쉽습니다. 그러나 하나님께서 주신 것은 다른 것과 비교할 수도 없고 해서도 안 됩니다. 각 사람에게 가장 잘 어울리는 최선의 것을 하나님께서 주시기 때문입니다. 하나님께서는 주어진 것에 만족하며 살아가는 사람에게는 주변 환경도 가장 좋은 것으로 만들어 주십니다.

"나는 비천에 처할 줄도 알고 풍부에 처할 줄도 알아 모든 일 곧 배부름과

배고픔과 풍부와 궁핍에도 처할 줄 아는 일체의 비결을 배웠노라"(빌 4:12)

여기서 바울은 '처할 줄 안다'는 표현을 여러 번 사용하고 있습니다. 매우 능동적인 표현입니다. 이것이 자족의 능력을 가진 사람이 살아가는 모습입니다. 또한 자족의 능력을 가진 사람은 어떤 환경에서든지 배울 것이 있습니다. 때문에 적극적으로 상황에 대처해 가며 살아갈 수 있게 됩니다. 그러나 반대로 능동적이지 못하고 끌려 다니는 수동적 삶을 살게 된다면 사람은 상황에 매여 사는 노예나 다름이 없어집니다. 우리가 만약 환경을 통해 삶의 에너지를 추구한다면 한 평생 행복한 날은 주어지지 않을 것입니다. 그러나 자족하는 사람은 삶의 에너지를 스스로 자가 발전시켜 갖게 됩니다. 이것이 사도 바울의 삶이었습니다.

바울에게는 난치병도 있었다고 전해집니다. 바울은 이것을 가리켜 자기 몸을 찌르는 가시라고 했습니다. 또 그 난치병을 가리켜 사탄의 사자라고도 했습니다(고후 12:7). 그 고통의 정도가 얼마나 심각했는지 짐작하게 합니다. 바울은 이 가시를 뽑기 위해서 세 번씩이나 하나님께 기도했다고 했습니다. 하지만 하나님은 바울의 기도

20. 욕심에서 자족으로

에 응답하시지 않았습니다. 바울이 실망을 한 나머지 자기의 사역을 포기해 버렸다면 보통 사람에 그쳤을 것입니다. 그러나 바울은 이 절망적 상황에서도 하나님의 뜻을 깨달았습니다.

"여러 계시를 받은 것이 지극히 크므로 너무 자만하지 않게 하시려고 내 육체에 가시 곧 사탄의 사자를 주셨으니 이는 나를 쳐서 너무 자만하지 않게 하려 하심이라"(고후 12:7)

물은 높은 곳에서 낮은 곳으로 흘러가듯이 하나님의 은혜는 겸손한 자에게 흘러가는 법입니다. 하나님은 바울을 보다 겸손한 자로 만들어 그에게 더 큰 은혜와 능력을 주시기를 원하셨습니다. 그리하여 하나님은 가시를 효과적으로 사용하셔서 바울로 약한 자가 되게 하셨습니다. 바울이 드디어 이 하나님의 큰 뜻을 알고부터 다시는 가시를 위하여 기도하지 않았습니다. 오히려 자기를 약하게 하신 하나님을 찬양할 수 있었습니다. 이 세상에 가시를 자기 몸에 갖고 행복하게 사역하는 사람은 많지 않습니다. 바울은 자기 몸의 난치 질병을 통하여서도 일체의 비결을 배운 사람입니다.

두 번째로 우리가 자족을 배우려면 하나님의 능력을 신뢰해야 합니다. 우리가 만사의 보도(寶刀)처럼 사용하는 성경 구절이 있습니다. "내게 능력 주시는 자 안에서 내가 모든 것을 할 수 있느니라(빌

변두리에서 중심으로

4:13)"라는 말씀입니다. 그런데 이 말씀을 엉뚱하게 해석하면 안 됩니다. 사람이 신앙생활을 하는 가운데 극단적인 두 가지 오류가 있습니다. 첫 번째는 인본주의입니다. 이런 사람은 하나님을 제쳐놓고 자기 혼자 무엇인가 해 보려고 하는 사람입니다. 그리고 두 번째는 신비주의입니다. 이런 사람은 나는 없어지고 하나님만 존재한다고 믿는 것입니다. 그래서 모든 것을 하나님이 알아서 하실 것이라고 믿고 있습니다.

우리가 꼭 알아야 하는 것은 기독교가 되게 하는 두 가지 요소가 있다는 사실입니다. 하나는 하나님이고, 또 하나는 인간입니다. 인간만 있고 하나님이 없어도 기독교가 아닙니다. 또한 반대로 하나님만 있고 인간이 없어도 기독교가 아닙니다. 그러므로 하나님께서 물론 우리에게 능력을 주시지만 실제로 신앙생활의 주체는 바로 나 자신이어야 합니다. 빌립보서 4장 13절 말씀을 주목해 보면 '내가 모든 것을 할 수 있다'고 했습니다. 그렇습니다. 기적은 내가 두 손을 들고 무장해제가 될 때 일어나는 것입니다. 내가 할 수 있는 일에 대해서는 절대로 기적이 동원되지 않습니다.

그러나 내가 어찌 할 수 없는 상황에 있게 될 때 하나님은 나에게 능력을 주십니다. 그런데 승리의 삶은 내가 살아야 합니다. 이 사실은 예수님께서 제자들을 파송하는 사건에서 보다 명확하게 나타납니다.

20. 욕심에서 자족으로

"예수께서 그의 열두 제자를 부르사 더러운 귀신을 쫓아내며 모든 병과 모든 약한 것을 고치는 권능을 주시니라"(마 10:1)

예수님은 열두 제자들을 부르셨습니다. 그리고 저들에게 귀신을 쫓아내며 모든 병과 모든 약한 것을 고치는 능력을 주셨습니다. 주님께서 하신 일은 거기까지입니다. 실제로 사역의 현장으로 나가서 능력을 발휘하여 기적을 일으켜야 하는 주인공은 제자들입니다. 만약 제자들이 꼼짝 않고 가만히 있었다면 능력을 나타내지 못했을 것입니다.

하나님은 바울에게도 능력을 주셨습니다. 그러나 문제는 그 능력으로 문제가 해결이 되었느냐는 것입니다. 실제로 바울에게서 가시는 뽑히지 않았습니다. 하지만 바울에게는 그 가시를 몸에 가진 채로 자족하는 마음이 생기게 되었습니다. 어느 것이 더 강력한 기적일까요? 그 자족하는 마음이란 일체의 비결일 수 있습니다. 우리 모두가 사모하고 가져야 할 능력이기도 합니다.

변두리에서 중심으로

21.

수단에서
목적으로

사무엘상 13장 8~15절

"⁹사울이 이르되 번제와 화목제물을 이리로 가져오라 하여 번제를 드렸더니 ¹⁰번제 드리기를 마치자 사무엘이 온지라 사울이 나가 맞으며 문안하매 ¹¹사무엘이 이르되 왕이 행하신 것이 무엇이냐 하니 사울이 이르되 백성은 내게서 흩어지고 당신은 정한 날 안에 오지 아니하고 블레셋 사람은 믹마스에 모였음을 내가 보았으므로 ¹²이에 내가 이르기를 블레셋 사람들이 나를 치러 길갈로 내려오겠거늘 내가 여호와께 은혜를 간구하지 못하였다 하고 부득이하여 번제를 드렸나이다 하니라"(삼상 13:9~12)

우리가 무엇을 하고자 할 때 무엇보다 중요한 일은 반드시 목적을 갖는 일입니다. 왜냐하면 그 목적에 따라서 그 삶의 질이 달라지기 때문입니다. 그러므로 우리는 살아가면서 목적이 분명해야 하고 이유가 분명해야 합니다. 공부하는 학생은 왜 공부를 해야 하는지 목적이 분명해야 합니다. 사업하는 사람도 사업 목적이 분명해야 합니다. 단지 돈을 버는 것이 목적이라면 그 사람은 수단과 방법을 가리지 않고 돈만 벌려고 할 것입니다. 이것은 우리의 신앙생활에서도 마찬가지입니다. 내가 왜 신앙생활을 해야 하는지 그 목적이 분명해야 합니다. 오늘날 성도들의 신앙이 기복주의 신앙으로 변질되는 이유는 다름이 아니라 목적이 잘못되었기 때문입니다.

소요리문답 1번에서 "사람의 제일 되는 목적은 무엇입니까?"라고 질문을 합니다. 여기에 대한 정확한 대답은 "사람의 제일 되는 목적은 하나님을 영화롭게 하고 영원토록 그를 즐거워하는 것입니다"라고 되어 있습니다. 우리가 믿는 이유는 간단합니다. 하나님을 영화롭게 하기 위해서입니다. 우리가 찬양을 하는 이유도 궁극적으로는 하나님을 영화롭게 하기 위해서입니다. 우리가 왜 기도를 할까요? 이것도 물론 하나님을 영화롭게 하기 위해서입니다. 만약 나의 필요를 해결하기 위해서 기도를 한다면 기독교가 이상해지게 됩니다. 그렇습니다. 우리가 하나님을 영화롭게 하기 위해서 헌금도 하고, 전도도 해야 합니다. 이 목적이 분명해야 신앙생활을 제대로 할 수 있습니다.

본문은 사울 왕에 대한 기록입니다. 사울은 이스라엘 12지파 가운데서 가장 작은 베냐민 지파 사람입니다. 그런 의미에서 사울은 하나님의 절대적인 선택의 은혜로 왕이 된 사람이라고 할 수 있습니다. 그런데 옆에 있는 블레셋이라는 강대국이 전쟁을 걸어온 것입니다. 그런데 블레셋은 이스라엘과 비교되지 않을 정도로 막강한 군사력을 이미 갖고 있었습니다. 그렇기 때문에 이스라엘 군대는 감히 블레셋 앞에 나설 엄두도 내지 못하고 숨을 수밖에 없었습니다. 이 상황에서 백성들은 자중지란이 일어나 혼란에 빠졌습니다. 하지만 이스라엘에는 하나님의 대선지자 사무엘이 있었기 때문에 블레셋 정도는 능히 물리칠 수 있을 것이라는 믿음을 사울 왕과 백성들은 갖고 있었습니다. 이것은 사울 왕이 제사 준비를 갖추어 놓고 사무엘 선지자를 초청하여 목마르게 기다리는 모습을 통해 알 수 있습니다. 그러나 사울 왕은 칠일동안 애타게 기다려 보지만 사무엘 선지자는 오지를 않았습니다. 그 사이 백성들은 사울 왕에게서 흩어지기 시작을 했습니다.

이 상황에서 다급해진 사울 왕은 할 수 없이 제사장이 집례를 해야만 하는 번제를 자기가 직접 집례를 하고 말았습니다. 그런데 사울 왕이 번제를 끝내자 사무엘이 그 현장에 도착을 한 것입니다. 이 때 사무엘이 다그칩니다. "지금 왕이 행하신 것이 무엇입니까?" "백성들은 나에게서 흩어지기 시작했고, 당신은 기한 내에 오지 않고, 블레셋은 금방이라도 쳐들어 올 것 같고 하여 부득이 내가 번제를 드렸습니다."라고 했습니다. 그러자 사무엘 선지자가 호통을 칩니다. "지금 왕은 망령된 행동을 했습니다. 하나님께서 왕에게 하신 말씀을 지키지 않으셨습니다. 때문에 왕의 나라가 길지 못할 것입니다. 이제 하나님은 하나님의 마음에 맞는 사람을 들어서 이 백성의 지도자로 삼으실 것입니다."라고 책망을 했습니다. 그 후 사무엘은 사울 왕에게서 떠나 버리게 됩니다.

물론 사울 왕의 행동이 잘 한 것은 아니지만, 사울 왕도 할 말은 있을 수 있습니다. 사무엘 선지자가 약속한 날짜에 정확하게 오든지, 늦을만한 사정이 있었다면 전갈을 보내서 소식을 전해 주어야 당연하지 않느냐는 것입니다. 오죽 했으면 사울 왕이 제사를 드렸겠느냐는 것입니다. 어떤 의미에서 상황윤리일 수 있습니다. 이런

변두리에서 중심으로

마음이 '부득이 하여'라는 사울 왕의 말 가운데 포함되어 있습니다. 우리가 살아가면서 부득이한 경우가 발생을 합니다. 어쩔 수 없는 상황도 벌어지게 됩니다. 그럴 때 우리는 곧잘 사울 왕의 변명을 늘어놓게 됩니다.

그러나 이러한 사울 왕의 부득이한 행동을 하나님께서는 정말 심각한 일로 받아들이고 계시다는 사실입니다. 그것은 제사를 드린 것이 잘못된 것이 아니라 목적과 수단을 바꾸어버렸기 때문에 심각한 일이었습니다. 우리의 신앙생활에도 이런 요소가 없는지 살펴보아야 합니다. 요즘은 경제가 어렵고 직장 구하기도 여간 어렵지 않습니다. 그럼에도 우리는 예배도 드리고, 헌금도 하게 됩니다. 그런데 이런 신앙적 행위 밑바탕에 나의 필요가 해결되기를 바라는 마음이 은근히 자리 잡고 있다면 문제가 됩니다. 나의 모든 신앙적 행위는 하나님을 영화롭게 하는 것으로 끝나야 합니다. 그런데 이러한 순수한 마음이 변질이 되면 나중에는 목적과 수단이 뒤바뀌어 버리는 경우가 많습니다. 그래서 직장이 목적이 되어 버렸고, 하나님은 수단이 되어 버리게 됩니다. 하나님은 나에게 직장이나 알선해 주는 해결사가 되어 버립니다. 그러므로 목적과 수단이 바뀌지 않도록 해야 합니다.

사울 왕은 이 목적과 수단을 바꾸어 버렸습니다. 만약 사울 왕에게 있어서 하나님이 목적이었다면 사울 왕의 행동은 아주 단호했어야 합니다. 모든 전쟁의 승패는 절대적으로 하나님의 손에 있기 때문입니다. 그러므로 블레셋은 쳐들어오고, 백성들은 다 흩어져도 하나님께서 내 편만 되어주시면 승리할 줄 믿는 것이 하나님을 목적으로 삼는 사람의 모습입니다. 그러나 사울 왕은 그렇지 않았습니다. 이러한 위기를 수습하기 위하여 하나님을 이용하였던 것입니다. 그 결과 사울 왕이 얻은 결과는 무엇입니까?

> "사무엘이 일어나 길갈에서 떠나 베냐민 기브아로 올라가니라 사울이 자기와 함께 한 백성의 수를 세어 보니 육백 명 가량이라" (삼상 13:15)

사무엘이 떠난 후 사울 왕이 자기와 함께 한 백성의 수를 세어보니 600명 정도였다고 합니다. 호들갑을 떨며 별 짓을 다해 얻은 것이 600명이었습니다. 사울 왕이 너무 초라한 장사를 한 것입니다. 600명의 백성을 끌고 어떻게 막강한 블레셋과 싸울 수 있겠습니까? 사울 왕이 모르고 있는 것이 있었습니다. 하나님은 만군의 여호와라는 사실입니다. 사울 왕이 하나님 한 분만 확보했다면 건 세계를 다 얻은 것과 같다는 것을 그는 모르고 있었습니다.

이것은 남의 이야기가 아니라 우리들의 이야기일 수 있습니다. 우리가 주일성수를 해야 하는 이유는 교회의 빈자리를 채워주고 재정에 조금이라도 보탬이 되려고 하는 자선행위가 아닙니다. 하나님을 목적으로 삼는 하나님의 백성이 마땅히 해야 하는 신앙의 첫걸음이 주일성수입니다. 그럼에도 불구하고 우리는 세상으로부터 수많은 유혹을 받게 됩니다. 그래서 주일성수를 하지 못하고 돈을 벌기 위해 세상으로 나갈 때가 있습니다. 그렇게 하루 종일 일해서 번 돈이 고작 십여 만원입니다. 그 돈을 가지고 내 인생의 모든 문제가 해결된 것입니까? 하나님 한 분을 얻으면 모든 것을 다 얻은 것인데, 십여 만원을 얻기 위해 하나님을 버렸다면 그 것이야말로 세상에서 가장 어리석은 행동입니다.

그런데 우리는 종종 목적과 수단을 바꾸어버릴 때가 있습니다. 이것은 하나님을 망령되이 여기는 일입니다. 예배 한 시간 드리지 않으면 마음이 불편하고, 헌금을 드리지 않으면 손해 보는 일이 발생할 것 같은 불안한 마음 때문에 교회에 나온다면 그것이야말로 의미 없는 종교행위에 불과할 뿐입니다. 하나님은 자판기가 아닙니다. 동전 몇 개를 집어넣고 버튼 하나를 누르면 자동적으로 커피 한 잔이 떨어지듯, 나의 헌금을 보시고 자동적으로 응답하시는 분이 아니십니다. 우리는 목적과 수단을 분명히 해야 합니다. 신앙의 힘은 하나님을 목적으로 삼고 그 목적에 처절할 정도로 매달리는 사람에게 주어지게 됩니다.

우리가 교회에서 봉사하다 보면 탈진이 되고 허탈감을 느낄 때가 있습니다. 물론 한 주간 고된 직장 생활을 하고 주일이 되었지만 쉬지도 못하고 이른 아침부터 저녁까지 교회에서 봉사를 해야 하니 그럴 만도 합니다. 하지만 여기에는 몇 가지 이유가 있습니다. 첫째는 나의 시선이 나에게 일을 하게 하시는 하나님에게 향한 것이 아니라, 사역 자체에 함몰되어 있기 때문입니다. 그래서 열심히 일을 하기는 했지만 나의 사역 가운데 하나님이 계셨는지를 확인해 볼 필요가 있습니다. 둘째는 하나님의 일을 내 힘으로 감당하려고 했기 때문입니다. 세상일은 내 힘으로 가능할지 모르지만 하나님의 일은 절대로 나의 힘으로 감당할 수 없습니다. 반드시 하나님께서 공급해 주시는 힘으로만 해야 합니다. 그래야 부작용이 일어나지 않습니다. 셋째는 사역의 목적이 빗나갔기 때문입니다. 내가 존재하는 이유는 사역 때문이 아닙니다. 나의 존재 이유는 하나님의 영광 때문입니다. 우리는 사역의 실적에 대해서 예민해질 때가 있습니다. 그것은 사역에 대한 잘못된 접근입니다. 오직 하나님께 영광만 되었으면 우리는 사역을 잘 감당한 것입니다. 주님으로부터 '착하고 충성된 종'이라는 평가를 받았다면 최고의 청지기가 된 것입니다.

목적과 수단을 분명히 갖고 살았던 사람으로 다니엘을 예로 들 수 있습니다. 다니엘은 하나님으로부터 굉장히 많은 복을 받은 사람입니다. 그는 소년 시절 바벨론에 포로로 끌려갔지만 나중에 바벨론의 최고 관직에 오르게 됩니다. 그 거대한 바벨론을 다스리는 세 명의 방백 중에 다니엘이 수석 방백이 되었습니다. 이러한 다니엘을 향하여 얼마나 시기와 질투가 많았는지 모릅니다. 그래서 저들은 다니엘이 매일 예루살렘을 향하여 창문을 열어 놓고 세 번씩 하나님께 기도하는 것을 빌미 삼아 다리오 왕에게 건의를 하게 됩니다. 왕권을 공고히 하기 위해 앞으로 30일 동안 왕에게만 경배하게 하고, 다른 신에게 경배하는 자가 있으면 사자굴속에 집어넣자고 하는 건의였습니다. 이 건의에 왕은 아무 생각 없이 결재를 하게 됩니다.

누구든지 이런 상황을 만나게 되면 스스로 자신에게 타협을 할 가능성이 많습니다. 하루에 세 번씩 기도를 하지만 기도하는 방법을 다르게 할 수 있다는 생각입니다. 예를 들어 지금은 비상시국이기 때문에 작전상 30일 동안만 기도를 쉬는 것입니다. 모험을 걸고 죽음을 자초할 필요는 없는 것 아니겠습니까? 그렇다고 누가 비난하는 사람도 없습니다. 그리고 또 하나의 타협이라면 문을 닫고 기도하는 방법입니다. 문을 닫았다고 해서 기도가 하늘에 상달이 되지 않는 것은 아니지 않습니까? 굳이 문을 열어 놓고 기도할 필요는 없는 것입니다. 그리고 마지막 방법이 있다면 마음속으로 기도할 수도 있습니다. 느헤미야는 아닥사스다 왕 앞에서 대답하기 전에 묵도를 하였다고 했습니다(느 2:4).

그러나 다니엘은 그전에 행하던 그대로 하루에 세 번씩 창문을 열어 놓고 예루살렘을 향해서 기도를 했습니다. 왜냐하면 하나님이 목적이기 때문입니다. 사울 왕처럼 자기의 자리를 지키기 위해서, 목숨을 연장하기 위해서 이상한 행동을 하지 않았습니다. 설사 자리를 지키고 목숨을 연장 받았다고 한들 하나님을 잃어버리면 아무 가치가 없는 일입니다.

그런데 놀라운 사실은 우리가 하나님을 목적으로 삼듯, 하나님도 우리를 목적으로 삼고 계시다는 사실입니다. 우리가 저지른 죄를 생각하면 마땅히 심판을 받아도 우리는 할 말이 없는 존재입니다. 그러나 하나님은 그렇게 하시지 않았습니다. 오히려 당신의 독생자 예수 그리스도를 십자가에 죽게 하심으로 나를 살리셨습니다. 그 이유는 단 한 가지입니다. 하나님께서 나를 목적으로 삼으셨기 때문입니다. 하나님은 나 외에는 다른 것을 생각하시지 않는 분이십니다. 이것이 내가 살아야 할 이유입니다. 또한 이것이 내가 하나님을 목적으로 삼아야 하는 이유입니다.

22.

부정에서
긍정으로

창세기 41장 14~16절

"14 이에 바로가 사람을 보내어 요셉을 부르매 그들이 급히 그를 옥에서 내 놓은 지라. 요셉이 곧 수염을 깎고 그의 옷을 갈아입고 바로에게 들어가니 15 바로가 요셉에게 이르되 내가 한 꿈을 꾸었으나 그것을 해석하는 자가 없더니 들은 즉 너는 꿈을 들으면 능히 푼다하더라 16 요셉이 바로에게 대답하여 이르되 내가 아니라 하나님께서 바로에게 편안한 대답을 하시리이다."(창 41:14~16)

어느 홀아비가 질그릇 장사를 했다고 합니다. 하루는 지게에 질그릇을 지고 장에 가다가 쉼터에서 잠시 지게를 바쳐놓고 누워서 이런 생각을 했습니다. "이 질그릇을 팔아 돼지새끼를 사서 키워 송아지를 사고, 또 키워 조그만 밭을 사고, 집을 짓고 장가를 가자" 여기까지 생각하니 너무 행복하고 좋았습니다. 꿈은 그것이 부질없는 공상일지라도 행복한 법입니다. 그래서 좋아서 누운 채로 춤을 추다가 그만 작대기를 건드려 지게가 넘어지는 바람에 질그릇이 깨지고 말았다고 합니다.

본문은 우리들이 잘 아는 요셉의 꿈 이야기입니다. 요셉은 매일같이 꿈을 꾸었습니다. 그리고 매일 아침 식사시간만 되면 요셉은 간밤의 꿈 이야기를 했습니다. 11개의 볏단들이 자기 볏단에게 절을 하였고, 11개의 별과 해와 달이 자기에게 절을 하더라는 것입니다. 그 꿈 이야기를 들을 때마다 형들은 분개했고 요셉을 미워했습니다. 그래서 마침내 요셉은 형들에게 미움을 받아 애굽으로 팔려가게 됩니다. 결국 요셉은 꿈 때문에 고난을 받았습니다. 그리고 그 꿈 때문에 형들로부터 미움을 받아 애굽으로 팔려가서 종살이를 하였습니다. 그리고 보디발의 안주인의 유혹을 거부하다가 누명을 쓰고 감옥까지 가게 됩니다. 생각해 보면 이 모든 불행이 꿈 때문에 주어진 것이었습니다. 만약 요셉이 꿈을 꾸지 않았더라면 그런 고난도 없었을 것입니다.

그럼에도 요셉의 생애에서 가장 감동적인 것은 요셉의 생애가 해피엔딩으로 끝이 난다는 점입니다. 어느 날 바로가 희한한 꿈을 꾸었습니다. 그래서 바로는 아침에 그 마음이 번민하여 애굽의 술객과 박사를 모두 불러서 그 꿈을 해몽하게 하였습니다. 그런데 아무도 그 꿈을 해몽하는 자가 없었습니다.

바로 그 때 옛날에 감옥에서 꿈 해몽을 통해 만났던 술 맡은 관원장에게 이끌려 요셉이 바로 앞에 서게 됩니다. 요셉은 바로의 꿈을 하나님의 지혜로 해석해 주었습니다. 얼마나 놀라운 일입니까? 그래서 바로가 놀라며 무릎을 칩니다. 그 때 요셉을 존경하는 시선으로 바라보는 바로는 감동 그 자체였습니다. 드디어 왕은 요셉에게 이렇게 말합니다.

"(38)바로가 그의 신하들에게 이르되 이와 같이 하나님의 영에 감동된 사람

22. 부정에서 긍정으로

을 우리가 어찌 찾을 수 있으리요 하고 ⑶⑼요셉에게 이르되 하나님이 이 모든 것을 네게 보이셨으니 너와 같이 명철하고 지혜 있는 자가 없도다 ⑷⑼너는 내 집을 다스리라 내 백성이 다 네 명령에 복종하리니 내가 너보다 높은 것은 내 왕좌뿐이니라." (창 41:38~40)

애굽의 바로는 요셉을 향하여 "내 나라와 내 집을 다스리라"고 말합니다. 그리고 바로는 왕의 반지를 빼서 요셉의 손에 끼워 주었습니다. 그 반지는 요즘 말로 결재 도장과 마찬가지입니다. 뿐만 아니라 요셉을 왕의 수레에 태워 백성 앞에서 사열을 받게 했습니다. 또 나라의 모든 일을 요셉에게 맡겼습니다. 얼마나 신기한 일입니까? 요셉은 꿈 때문에 하루아침에 노예가 되었고, 하루아침에 애굽의 총리가 되었습니다. 이것 역시 꿈 때문이었습니다. 그런데 요셉은 이 꿈을 이루는데 13년이 걸렸다는 사실을 주목해야 합니다.

생각해 보면 말이 13년이지 그것은 말로 다할 수 없는 고난의 세월이었습니다. 요셉은 요즘 말로 모태신앙을 가진 사람이었습니다. 그의 아버지는 믿음의 조상 야곱이었습니다. 정말 철저한 신앙교육을 가정에서 받았을 것입니다. 그런데 꿈 때문에 요셉 앞에서 벌어지고 있는 현실은 말로 다 할 수 없는 기막힌 현실 그 자체였습니다. 그럼에도 불구하고 요셉에게 있어서 놀라운 일은 그가 어떤 상황에 처하든지 최선의 길을 걸었다는 사실입니다. 비록 보디발의 집에 종으로 팔려갔지만 그 상황에서 요셉은 최선을 다했습니다. 그래서 결국 주인에게 인정을 받게 됩니다. 그 다음 보디발의 고발로 성추행 죄의 누명을 뒤집어쓰고 감옥에 갔지만 거기서조차 요셉은 최선을 다했습니다. 그래서 모든 죄수들은 물론 간수장에게도 인정을 받게 됩니다. 결국 이러한 요셉의 최선은 긍정의 힘이 되었습니다. 이러한 긍정적 힘이 요셉의 긍정적인 삶을 만들어 낸 것입니다.

모든 사람은 기본적으로 믿음이 있어야 합니다. 그래야 모든 생각과 판단과 삶 자체가 긍정적이 될 수 있습니다. 근본적으로 믿음이 없는 사람은 긍정적인 생각을 하기 어렵습니다. 사람의 생각에는 "대체의 법칙"이라는 것이 존재합니다. 사람은 긍정적인 생각이든, 부정적인 생각이든 한 가지만 하게 되어 있습니다. 부정적인 생각을 할 때는 긍정적인 생각은 떠오르지 않습니다. 반대로 긍정적인 생각을 할 때는 부정적인 생각이 우리를 지배하지 못합니다. 그래서 우리가 믿음의 생각을 해야 하는 이유가 이 때문입니다. 이렇게 사람은 긍정적인 생각을 할 때 마음이 건강해지고, 몸도 건강해지고, 생명이 연장되고, 타인에게도 긍정적인 영향을 미치게 된다는 사실을 잊지 말아야 합니다.

옛날 이야기입니다만 어떤 할머니에게 두 아들이 있었는데 한 아들은 짚신 장사를 했고 둘째 아들은 우산 장사를 했다고 합니다. 그런데 이 할머니는 비가 와도 근심이고 날이 맑아도 근심을 했습니다. 왜냐하면 비가 오면 짚신 파는 아들이 걱정이 되었고, 날이 맑으면 우산 장사하는 아들이 걱정이 되었기 때문입니다. 이것은 아주 불행한 인생관입니다. 왜 비가 오면 우산 장사하는 아들 때문에 즐겁고, 날이 맑으면 짚신 장사하는 아들 때문에 즐거워할 수 없느냐는 것입니다. 매일같이 밝은 면을 보며 긍정적인 생각을 갖고 있으면 매일같이 행복할 수 있습니다. 그런데 어두운 면만 바라보기 때문에 세상이 어둡게 보이는 것입니다.

이승복이라는 분은 미국의 존스 홉킨스Johns Hopkins 병원 수석 외과의사입니다. 이 분이 "기적은 당신 안에 있습니다."라는 책을 썼습니다. 이 분은 18살 때인 1983년 체조선수로 체조대회에서 금메달까지 땄던 분입니다. 그런데 어느 날 교통사고로 사지가 마비되어 휠체어 신세를 지게 되었습니다. 꿈이 좌절된 것입니다. 이제는 다시 체조를 할 수 없게 되었습니다. 마침내 자포자기에 이르렀는데 이 분이 다른 사람들과 다른 점이 하나 있었습니다. 그것은 믿음 안에서 희망의 끈을 놓지 않았다는 것입니다. 사람이 긍정적으로 생각하는 것이 얼마나 중요한가를 그 분이 증명해 주었습니다. 이 분이 마침내 모든 불운을 이겨내고 미국의 유명한 병원 수석의사가 되었습니다. 그리고 낸 책이 "기적은 당신 안에 있습니다."라는 책입니다. 이것은 믿음 안에서 만들어진 긍정의 믿음과 삶의 자세 때문에 만들어진 기적입니다. 우리는 친구도 반드시 긍정적인 생각을 가진 사람과 사귀어야 합니다. 부정적인 사람과 사귀면 내 생각도 그렇게 전염이 됩니다. 부정적인 설교를 3년만 들으면 모두 부정적인 사람이 된다고 하는 임상결과가 있습니다. 이 세상에는 긍정적인 면과 부정적인 면이 상존합니다. 어느 편을 바라보느냐 하는 것은 나의 마음에 달려 있습니다. 사람은 바라보는 대로 내 마음속에 그대로 투영되게 되어 있습니다.

요셉으로 하여금 이런 긍정적인 믿음을 갖게 했던 절대적인 두 가지 요소가 있었습니다.

첫째는 꿈입니다. 요셉은 꿈의 사람이었습니다. 요셉의 가슴에는 꿈으로 가득했습니다. 꿈이 없는 사람이 꿈이 있는 사람의 이야기를 들으면 마치 정신병자의 말처럼 들립니다. 요셉의 꿈 이야기를 꿈이 없는 형들이 들었을 때 얼마나 불쾌하게 들었는지 모릅니다. 그래서 꿈이 없는 요셉의 형들의 삶이란 그냥 운명에 맡겨진 채 하루하루 먹고 사는 삶이었습니다. 그러나 가슴에 비전을 품고 있는 요셉은 그렇지 않았습니다. 아무리 힘들고 어려운 고난의 순간이 찾아와도 비전을 바라보며 긍정의 삶을 살아갈 수 있었습니다. 절망하는 사람의 특징은 꿈이 없다는 것입니다.

신앙인의 특징이 무엇입니까? 하나님께서 주신 꿈을 바라보며 긍정의 삶을 살아가는 것입니다. 사도 바울이 복음을 증거하며 전도여행을 다닐 때 수없이 죽을 고비를 넘기는 환난이 찾아왔습니다. 하나님은 그 때마다 바울에게 환상을 보여주셨습니다. 바울은 그 환상을 바라보며 긍정의 길을 걸어갔습니다. 스데반 집사가 돌에 맞아 죽어갈 때 하나님은 스데반에게 하늘나라의 환상을 보여주셨습니다. 그 환상을 바라보며 누구 한 사람 원망하지 아니하고 오히려 원수를 용서하면서 긍정적으로 자신의 삶을 마감했습니다. 성도는 결론적으로 천국의 꿈이 있기 때문에 긍정적으로 살아갈 수 있는 것입니다.

두 번째로 요셉으로 긍정의 믿음을 갖게 했던 것은 모든 것을 하나님께서 하신다고 하는 믿음이었습니다. 요셉이 감옥에 있었을 때 같이 감옥에 있는 왕의 신하가 꿈을 꾸고 절망적으로 있는 모습을 보고 꿈 이야기를 해 보라고 합니다. 그리고 요셉은 이런 말을 합니다. "해석은 하나님께 있지 아니하니이까?"(창 40:8) 본문에서도 애굽 바로가 요셉에게 꿈을 해몽할 수 있느냐고 했을 때 요셉은 이렇게 말을 합니다. "내가 아니라 하나님께서 편안한 대답을 하시리이다."(16절). 그리고 요셉이 두 아들을 낳게 되는데 첫 번째 아들이 므낫세입니다. 그런데 그 이름 뜻이 "하나님이 내게 내 모든 고난과 내 아버지의 온 집 일을 잊어버리게 하셨다."라는 뜻입니다(창

41:51). 또 둘째 아들의 이름을 에브라임이라고 했는데 그 뜻은 "하나님이 나를 내가 수고한 땅에서 번성하게 하셨다"라는 뜻입니다 (창 41:52). 나중에 요셉을 팔아버린 형들이 애굽의 총리가 된 요셉 앞에 곡식을 사러 왔을 때 두려워하고 있는 형들을 향해 요셉은 이런 말을 했습니다. "당신들이 나를 이 곳에 팔았다고 해서 근심하지 마소서. 하나님이 생명을 구원하시려고 나를 당신들보다 먼저 보내셨나이다."(창 45:5)

스위스의 어니벨츠는 키가 겨우 120센티밖에 되지 않는 난장이였습니다. 이미 나이가 서른 살에 가까웠으나 그에게는 도무지 희망이 없었습니다. 결국 그는 미국으로 이민을 가서 새로운 도전을 시작했으나 미국 도착과 함께 또 다시 수많은 난관이 앞을 가로막고 있었습니다. 어디를 가든지 그는 호기심과 장난의 대상이 되었던 것입니다. 그러던 중 어느 교회의 특별한 모임에 초청되었는데, 사람들이 그를 조금도 이상하게 보지 않고 있음에 처음으로 위로를 받게 되었습니다. 그리고 두 달쯤 뒤에 '하나님의 계획이 나의 삶 속에도 있다'는 주제의 설교를 듣고 그는 용기가 생겼습니다. 자신 같이 볼품없는 사람도 하나님께서 사용하심을 알고 비로소 자신을 가두어 두었던 열등감에서 벗어나기 시작했습니다.

그 후 그의 삶은 창조적으로 변화되었고, 모든 일에 적극적으로 참여하게 되었습니다. 나중에는 그의 능력을 사람들에게 인정받게 되었고, 아프리카의 어느 교육기관의 책임자로 떠나게 되었다고 합니다.

사람은 결코 실패하기 위해 태어나지 않습니다. 실패를 했다면 어떤 일을 시작하기에 앞서 자기의 마음에서부터 이미 실패가 시작되었기 때문입니다. 사람에게 주어진 무한한 가능성은 결코 어떤 환경이나 조건에 있지 않습니다. 그 가능성은 모든 일을 긍정하는 나의 마음속에 있다는 사실입니다.

요셉의 말 속에서 우리가 챙겨 가져야 하는 영적 교훈은 이 모든 일이 하나님께서 하시는 일이라고 고백했다는 점입니다. 이것이 요셉이 꿈을 이루게 된 열쇠입니다. 요셉의 말 속에는 신앙고백으로 가득 차 있습니다. 요셉의 말에는 하나님에 대한 의지와 하나님께 영광 돌리는 것으로 가득 차 있습니다. 복은 말에서 나온다는 것을 잊지 말아야 합니다. 반대로 저주와 불행도 모두 말에서 나오게 됩니다. 요셉은 어떤 상황에서든지 그의 입에서는 부정이 아니라 항상 하나님이었습니다. 그것은 요셉의 정신과 마음과 생각 속에 하나님으로 가득 차 있었다는 반증입니다. 그런데 오늘 현대인들의 문제는 생각과 마음속에 온통 '나'로 가득 차 있다는 것입니다. 그래서 매사에 나는 할 수 있다고 말을 하고, 또 내가 했다고 말을 합니다. 하지만 그것은 절대로 아닙니다. 나에게는 그런 능력이 없습니다. 나는 아무 것도 할 수 없는 연약한 존재일 뿐입니다. 그렇습니다. 모든 것이 하나님의 은혜입니다. 이 모든 것은 하나님께서 하신 일입니다. 이와 같은 믿음이 우리로 긍정의 삶을 살게 합니다.

23.

소유에서
생명으로

누가복음 12장 13~21절

"¹³무리 중에 한 사람이 이르되 선생님 내 형을 명하여 유산을 나와 나누게 하소서 하니 ¹⁴이르시되 이 사람아 누가 나를 너희의 재판장이나 물건 나누는 자로 세웠느냐 하시고 ¹⁵그들에게 이르시되 삼가 모든 탐심을 물리치라 사람의 생명이 그 소유의 넉넉한 데 있지 아니하니라 하시고"(눅 12:13~15)

하나님께서 에덴동산에 있는 아담과 하와에게 맨 처음 옷을 만들어 주시지 않은 이유가 있다고 합니다. 만약 옷을 만들어 주게 되면 주머니를 달아달라고 했을 것이고, 주머니를 달아주면 그 주머니를 채워보려고 인간은 발버둥을 칠 것이 분명하기 때문이었다는 것입니다. 이것은 인간의 본질적인 소유욕을 빙자한 이야기라고 할 수 있습니다. 소유욕 자체는 인간에게 죄가 되는 것도 아니고 그렇다고 선이 되는 것도 아닙니다. 다만 인간이 창조될 때부터 갖고 있는 본질적인 품성이라고 할 수 있습니다. 문제는 소유욕이 아니라 탐심이 문제입니다.

'탐심'이란 헬라말로 '프레온렉시아'라고 하는데 '프레온'은 영어에서 'more'입니다. 그리고 '렉시아'는 영어에서 'have'에 해당합니다. 그래서 '프레온렉시아'라고 하면 '더 많이 가지고자 하는 마음'이 됩니다. 이것이 탐심입니다. 인간의 삶에 있어서 필요한 것을 갖고자 하는 마음은 매우 자연스러운 현상입니다. 그런데 문제는

변두리에서 중심으로

분수에 넘치도록 더 갖겠다는 것이 문제입니다. 그런데 인간의 모든 문제는 소유 때문이 아니라 사실 욕심 때문에 일어난다고 할 수 있습니다. 이 욕심 때문에 전쟁이 일어나게 되고, 형제가 갈라지게 되고, 죄를 짓게 되고, 망하게 되는 것이고, 궁극적으로는 생명을 잃어버리게 됩니다.

"욕심이 잉태한 즉 죄를 낳고 죄가 장성한 즉 사망을 낳느니라"(약 1:15)

본문에 보면 무리 중에 한 사람이 예수님께 나아와 민사 문제를 갖고 말을 합니다. "선생님, 내 형을 명하여 유산을 나와 나누게 하소서" 왜 이 형제에게 이러한 민사문제가 발생을 했는지 그 이유는 알 수 없습니다. 그러나 한 가지 분명한 것은 있습니다. 아버지가 세상을 떠나셨을 것이고, 유산을 분배하는 과정에서 트러블이 생긴 것이 분명합니다. 그런데 유산 분배가 유대인에게서 만큼은 문제가 될 수 없어야 합니다. 왜냐하면 이미 율법에 분배 원칙이 기록되어 있기 때문입니다.

"반드시 그 미움을 받는 자의 아들을 장자로 인정하여 자기의 소유에서 그에게는 두 몫을 줄 것이니 그는 자기의 기력의 시작이라 장자의 권리가 그에게 있음이니라"(신 21:17)

23. 소유에서 생명으로

그런데 유산만큼은 계산기로 정확하게 나눌 수 없다는 데 문제가 있습니다. 그러다 보니 힘 있는 형이 일방적으로 유산을 떼어 가졌을 것으로 짐작이 됩니다. 여기에 대해서 동생이 불만을 터뜨립니다. 이제 형제간에 금이 가기 시작했고 극한 상황까지 오게 된 것입니다. 결국 이 문제를 예수님께 들고 나왔다고 볼 수 있습니다. 이때 예수님은 이런 말씀을 하셨습니다. "삼가 모든 탐심을 물리치라"(15절). 주님의 판단으로 볼 때 지금 이 문제는 유산의 문제도 아니고 율법의 문제도 아니라는 것입니다. 욕심의 문제라고 지적하고 있습니다. 이 욕심을 다스리지 않는 한 그 어떤 완벽한 법으로라도 해결할 수 있는 방법은 없습니다. 이어서 주님은 아주 도전적인 말씀을 하셨습니다. "사람의 생명이 그 소유의 넉넉한 데 있지 아니하니라." 그렇습니다. 인간의 가장 큰 착각 중에 하나는 인간의 생명과 소유가 어떤 밀접한 관계 속에 있다고 믿는 일입니다. 하지만 소유와 생명은 아무 관계가 없음을 알아야 합니다.

뿐만 아니라 소유와 건강도 아무 관계가 없습니다. 부자이기 때문에 병에 안 걸리고, 가난하기 때문에 병에 걸리는 것은 아닙니다. 또한 소유와 수명도 정비례 하지 않습니다. 세계적으로 장수하는 마을 세 곳이 있다고 합니다. 그 마을에서는 7,80세 된 분들이 애들 취급을 받는다고 합니다. 그런데 그 세 동네의 공통점이 무엇이냐 하면 가난한 마을이라는 것입니다. 어느 청년회에서 여름에 농

촌 봉사활동을 갔는데 그 마을에서 70세 된 노인이 청년회장을 하고 있었다고 합니다. 또한 소유와 행복도 아무런 관계가 없다는 것입니다. 많이 소유했다고 해서 행복한 것도 아니고 적게 소유했다고 해서 불행한 것은 결코 아닙니다. 아주 옛날 서울대학교에 수석으로 합격한 학생이 기자들의 질문에 이런 대답을 해서 화제가 된 적이 있었습니다. "나는 가난해서 불행해 본 적은 한 번도 없습니다. 다만 불편했을 뿐입니다."

언젠가 친한 목사님과 강화도에 갔었을 때, 길옆에 비어있는 가게가 하나 있었습니다. 왜 그 가게가 빈 가게가 되었는지 그 목사님이 저에게 가르쳐 주었습니다. 그 가게의 주인이 로또 복권에 1등으로 당첨이 되었답니다. 얼마나 좋았겠습니까? 그런데 그것이 아니더랍니다. 어떻게 알았는지 주먹 깡패들이 돈 얼마를 내어 놓으라고 계속 협박 전화를 해오고, 돈이 있는 것을 알고 동네 사람들이 매일 와서 돈 좀 빌려달라고 사정을 하기 때문에 소리 없이 급하게 어디론가 잠적해 버렸다는 것입니다. 소유하게 됨으로 이렇게 되었으니 이 얼마나 불행한 일입니까?

어느 조사 기관에서 남자와 여자에게 똑같은 문제를 갖고 조사를 했습니다. 첫 번째로 여자 분들에게 질문하는 내용입니다. "여자들이 나이가 들면 들수록 필요한 것이 무엇입니까?" 이 질문에 대해서 이런 대답이 나왔다고 합니다. 첫째가 '돈'이라고 했다고 합니다. 나이가 들어도 돈만 있으면 된다는 것입니다. 그래서 연세가 드신 어른들에게 최고의 선물은 역시 용돈이라는 사실은 이미 증명이 된 사실입니다. 노인들은 용돈을 절대로 사용하지 않습니다. 팬티 속에 만든 비밀 주머니가 할머니들에게는 금고입니다. 그 금고에 돈이 두둑하면 노인들은 편안해 합니다. 두 번째가 건강이라고 했습니다. 그리고 세 번째가 딸이라고 했습니다. 아들은 소용없다는 것입니다. 그래도 엄마 챙기는 게 딸밖에 없는 것입니다. 그 다음 넷째가 '친구'라고 합니다. 다섯 번째가 재미있는데 '강아지'라고 했습니다.

그런데 이번에는 남자들에게 질문했습니다. "남자들이 나이가 들면 들수록 필요한 것이 무엇입니까?" 그랬더니 남자들은 이렇게 대답을 했다고 합니다. 첫째가 '애 엄마'라고 했습니다. 남자는 정말 애들 못 키웁니다. 그래서 애 엄마가 있어야 합니다. 둘째는 '부인'이라고 했습니다. 어디 여행을 가도 나이가 들어서 혼자 다니는 것처럼 보기 싫은 게 없습니다. 그래서 부인이 있어야 합니다. 셋째는 '마누라'라고 합니다. 밥 한 끼 얻어먹으려면 그래도 마누라가 있어야 합니다. 넷째는 '아내'라고 했습니다. 자식도 필요 없습니다. 형제도 필요 없습니다. 사랑하는 아내가 최고입니다. 그 다음 다섯 번째는 '집사람'이라고 했습니다. 그 분이 집을 봐주고 살림을 해 주어야 남자는 밖에서 남자구실을 하는 것입니다.

그런데 가만히 보면 남자에게는 처음부터 끝까지 '오직 당신'입니다. 그런데 여자에게는 '당신'이 없다는 것입니다. 정말 남자만 불쌍합니다. 일평생 고생하며 돈 벌어다 주지만 나중에는 개만도 못한 존재로 취급받는 것이 남자입니다.

인간의 욕심은 끝이 없습니다. 태산을 집어넣어도 채울 수 없는 것이 욕심입니다. 그러나 인간의 소유에는 한계가 있다는 것을 아셔야 합니다. 성경은 그 한계를 "일용할 양식"이라고 했습니다. 일용할 양식은 하나님의 뜻이요, 하나님께서 인간에게 주신 한계입니다. 이스라엘 백성이 광야생활을 할 때도 하나님은 며칠분의 만나를 한꺼번에 주시지 않았습니다. 때문에 저들은 매일같이 그 날 먹을 만나를 거두어야 했습니다. 혹시 욕심이 있어서 거두어들인 이틀 분의 만나는 다 벌레가 나고 썩어져 버렸습니다. 또 예수님은 우리에게 주기도문을 가르쳐주시면서 일용할 양식을 달라고 기도하라고 하셨습니다.

우리는 일용할 양식 이상은 먹을 수 없습니다. 아무리 먹고 싶어도 일용할 양식 이상은 먹을 수 없습니다. 창고에 쌓아놓았을 뿐입니다. 부자건 가난한 사람이건 하루 세 끼만 먹을 수 있습니다. 본문의 어리석은 부자처럼 창고에 쌓아놓았다고 해서 생명을 보장받을 수 있는 것이 아닙니다. 아무리 땅을 수 만평 갖고 있다고 하더라도 실제로는 내가 사는 집 평수만큼만 내게 필요한 것입니다. 나머지는 그냥 내 이름으로 등기만 해놓았을 뿐입니다. 온 천지를 다 소유했다고 하더라도 그것이 내 생명을 담보하는 것은 결코 아닙니다. 아무리 침대가 운동장같이 넓은 것을 가졌다고 해도 실제로는 나의 잔등 사이즈만큼만 필요한 것입니다. 결국 나중에는 빈 몸으로 세상을 떠날 수밖에 없는 것이고, 내 것이란 이 세상에 땅 한 평도 없다는 것을 기억해야 합니다.

어떤 거룩한 랍비의 이야기가 있습니다. 미국인 몇 명이 폴란드 여행을 즐기고 있었습니다. 어느 마을을 지나다가 이들은 거룩한 랍비의 이야기를 듣게 되었습니다. 그 랍비는 인생의 대부분을 그 마을에서 보내고 있었습니다. 이 거룩한 랍비를 보려고 그의 집을 찾아간 그들은 그의 집에 들어서면서 깜짝 놀랐습니다. 살림살이가 거의 없이 집안이 썰렁했기 때문입니다. 랍비가 앉아서 성경을 공부하는 의자와 책상, 그리고 간단한 침대가 전부였습니다. 그래서 이들이 랍비에게 물었습니다. "랍비님, 당신의 가구는 어디에 있습니까?" 그러자 랍비는 잠시 책에서 눈을 떼고 이들을 올려다보며 이렇게 되물었습니다. "그러는 여러분의 가구는 어디 있습니까?" "우리의 가구요? 왜 우리가 가구를 들고 다닙니까? 우리는 잠시 지나가는 길입니다." 이들이 이렇게 대답하자 랍비는 말했습니다. "나도 똑같습니다." 그렇습니다. 우리가 나그네 인생길에 들고 다녀야 할 가구가 얼마만큼이 적당한 것인지는 소유의 애착에서 벗어날 때 깨닫게 됩니다. 그것을 깨달을 때 비로소 우리는 필요도 없는 물건을 지고 다니는 어리석음을 범하지 않게 됩니다.

그래서 성경은 소유가 많은 것을 복이라고 말씀하지 않습니다. 오히려 마태복음 5장 3절에 보면 "심령이 가난한 자가 복이 있다"고 하시면서 "천국이 그들의 것이라"고 하셨습니다. 4절에 보면 "온유한 자가 복이 있다"고 하셨습니다. "저들이 땅을 기업으로 받을 것이라"고 하셨습니다. 또 6절에 보면 "의에 배가 고프고 목이 마른 자들이 복이 있다"고 하셨습니다. "저들이 배부르게 될 것이다"라고 하셨습니다. 그래서 에리히 프롬은 "소유냐 삶이냐"라고 하는 책에서 인간의 문제는 '얼마나 많이 가지느냐?'의 'to have'의 문제가 아니라 '어떤 인간이 되느냐?'의 'to be'의 문제라고 했습니다.

한 부자 청년이 하루는 예수님께 나아와 질문을 합니다. "선생님이여, 내가 무슨 선한 일을 하여야 영생을 얻으리이까?" 정말 이 청년에게 있어서 생명의 문제는 최고의 고민거리였습니다. 이 청년이 영원히 살 수 있는 것에 대해서 문제를 제기했다는 것은 상당히 영적으로 수준이 있는 사람이라고 할 수 있을 것입니다. 그런데 오늘 우리들의 고민은 무엇입니까? 어떻게 하면 건강하게 살 수 있을까? 어떻게 하면 오래 살 수 있을까? 이 문제에 대해서 조금이라도 도움이 된다고 하면 전 재산을 다 쏟아 부어서라도 도전을 해 보려고 하는 것이 오늘 우리들의 모습입니다.

이 때 예수님은 이 청년에게 말씀하셨습니다. "십계명을 다 지켜라" 그러자 그 청년은 말하기를 "다 지켰습니다. 또 뭐가 부족합니까?" 그 때 예수님은 그 청년에게 말했습니다. "너의 소유를 다 팔아 가난한 자에게 나눠주고 나를 따르라"고 하셨습니다. 예수님께서 이렇게 말씀하신 것은 그 청년이 지금 처절하게 바라고 있는 그 생명이 바로 예수 그리스도이기 때문입니다. 그러나 청년은 생명이냐 소유냐의 기로에서 결국 소유를 택하게 됩니다. 마태복음 19장 22절에 보면 "그 청년이 재물이 많으므로 이 말씀을 듣고 근심하며 가니라"라고 했습니다.

인간에게 있어서 최고의 소유는 생명이 되신 예수 그리스도를 소유하는 일입니다. 생명의 문제는 소유의 문제가 아니라 예수에 대한 문제임을 알아야 합니다. 우리는 재물을 가지고 예수를 살 수 없습니다. 오히려 재물을 버리게 될 때 예수를 소유할 수 있게 됩니다. 진주장사가 값진 진주 하나를 만나게 되자 자기의 모든 재산을 다 팔아서 그 진주를 사는 것과 같습니다. 바울은 예수를 얻게 되자 모든 것을 배설물처럼 버렸다고 했습니다. 진정으로 우리가 예수를

변두리에서 중심으로

얻었다면, 일용할 양식만 있어도 우리는 가장 행복한 사람이어야 합니다. 소유에서 행복으로 가치관을 옮긴 사람이야말로 가장 성공적으로 인생을 살고 있는 사람이라고 할 수 있을 것입니다.

24.

투기에서
투자로

전도서 11장 1,2절

"¹너는 네 떡을 물 위에 던져라 여러 날 후에 도로 찾으리라 ²일곱에게나 여덟에게 나눠 줄지어다 무슨 재앙이 땅에 임할는지 네가 알지 못함이니라."(전 11:1,2)

미국 부통령을 지낸 적이 있던 '험프리'라고 하는 분은 인생 말년에 암에 걸려 투병 생활을 했습니다. 결국 1976년 65세의 나이로 세상을 떠났지만 그는 항상 새 출발의 정신으로 하루하루를 살았다고 합니다. 암과 투병생활을 하면서도 언제나 그의 얼굴에는 웃음과 농담이 가득했다고 합니다. 이 분이 그 당시 '리더스 다이제스트'에 이런 글을 기고했습니다. 그 기고의 내용은 이렇습니다.

"사람들의 가장 큰 약점은 쉽게 포기한다는 것이다. 역경은 새로운 출발을 위한 자극일 뿐이다. 역경은 약간 시간이 걸려야 해결되는 문제일 뿐이다. 사람들은 예배 때 축도만을 기다린다. 예배가 시작될 때의 가슴 설레임을 모르는 사람들은 불행하다. 새 출발은 항상 장엄한 법이다. 새가 가장 아름다울 때는 창공을 날 때가 아니다. 아름다운 노래를 부를 때도 아니다. 새가 창공을 날기 위해 깃을 활짝 펼 때가 가장 아름답다. 돛단배가 먼 바다로 출항하기 위해 돛을 활짝 펴는 모습은 얼마나 아름다운가? 사람도 마찬가지이다. 언제나 새 출발의 발걸음을

변두리에서 중심으로

힘차게 내딛는 사람들의 모습은 정말 아름답다. 시작은 희망의 또 다른 이름이다. 부활하신 주님의 첫 말씀은 '왜 울고 있는가?'였다. 부활의 아침에 왜 울고 있는가? 구원받은 사람은 독수리처럼 날마다 새롭게 출발을 해야 한다."

상품 가운데 소위 '결심상품'이라는 것이 있습니다. 예를 들어 새해가 되면 사람들에게는 새로운 각오로 새 출발하겠다는 다짐이 있게 마련입니다. 작심삼일이라는 말도 있듯이 그 결심이 며칠이나 지속될지는 모르지만 어쨌든 새 출발의 각오만큼은 대단합니다. 한 가지 예로 새해가 되면 담배 소비량이 급격하게 감소를 한다고 합니다. 아마 애연가들이 새해부터는 금연을 하겠다는 의지 때문에 생긴 현상일 것입니다. 그런데 이런 현상은 그렇게 오래 가지 않습니다. 오히려 몇 달이 지나면 전년보다 담배 소비량이 더 늘어난다고 합니다. 일종의 요요현상이라고 할 수 있습니다. 그리고 결심상품 가운데 대표적인 것이 또 하나 있습니다. 그것은 실내 헬스기계입니다. 운동의 필요성은 사람마다 절감하지만 실제로 가장 실행하기 힘든 것이 운동입니다. 새해가 되면 열심히 운동을 하겠다는 의지를 불태우며 비싼 운동기구를 마련해 보지만 성공하는 경우는 별로 없습니다.

누구에게나 새 출발을 한다는 것은 매우 아름다운 일입니다. 그런데 언제나 새 출발이 실패하는 이유는 과감한 투자를 하지 않기 때문입니다. 투자와 희생이 없이 마음속으로만 환상적인 새 출발을 한다면 그것은 동해에 떠오르는 해돋이 구경을 하고 돌아와 어제의 모습으로 되돌아가는 것과 똑같은 일일 것입니다. 담배 하나를 끊는다고 할지라도 거기에는 엄청난 자기 희생과 땀과 눈물과 시간이 투자되어야만 성공할 수 있습니다. 건강에 나쁘다고 하니까 '한 번 끊어볼까?'라는 식으로 성공을 기대하기는 어려운 것입니다.

'투자投資'라고 하는 말은 한문에서 '던질 투'에 '재물 자'를 사용합니다. 한 마디로 투자라고 하는 것은 "자본을 던진다."라는 뜻입니다. 던진다는 의미는 다분히 모험적인 데가 있습니다. 어떤 결과가 올지 모르기 때문에 투자는 모험적일 수밖에 없습니다. 때로는 만 원을 던졌는데 오히려 빚만 걸머질 때도 있습니다. 또한 본전치기밖에는 하지 못하는 경우도 있습니다. 분명 우리가 원하는 것은 만 원을 투자하여 십만 원을 얻는데 있습니다. 아니 그 이상일 수 있습니다.

그런데 우리는 이 십만 원에 대한 해석을 분명하게 해야 합니다. 이 십만 원은 내가 능력이 많아서 얻어진 것도 아니고, 운이 좋아서 얻어진 것도 아니라는 사실입니다. 이 십만 원은 전적으로 하나님의 은혜라는 믿음이 있어야 합니다. 보리떡 다섯 개와 물고기 두 마

변두리에서 중심으로

리를 던졌더니 장정만 오천 명을 먹이고도 12광주리가 남았다고 할 때 이것을 인간의 재주나 능력이나 운이 좋아서 생긴 일이라고 생각할 수는 없습니다. 이것은 전적인 하나님의 은혜입니다. 그러므로 하나님의 은혜가 없으면 우리가 무엇을 얼마나 투자했든지 간에 아무 소용이 없다는 것을 잊지 말아야 합니다.

요즈음 인기 있는 지역의 부동산을 사기 위해 사람들이 구름떼처럼 모여드는 현상을 종종 보게 됩니다. 이것은 투기입니다. 우리는 '투자'와 '투기'를 구별할 줄 알아야 합니다. '투기投機'라는 말은 글자 그대로 '기회에 던진다.'라는 뜻입니다. 던져놓고 행운을 바라는 것입니다. 투기행위는 나라를 망하게 하는 암적 요인입니다. 그래서 투기하는 사람을 가리켜 우리는 '투기꾼'이라는 나쁜 표현을 사용합니다. 우리 그리스도인은 투자를 해 놓고 하나님의 은혜를 기다리는 것이지, 절대로 행운이나 요행을 기다려서는 안 됩니다.

본문 1절을 보면 이해가 되지 않는 투자행위를 볼 수 있습니다. "너는 네 떡을 물위에 던져라"라고 말씀합니다. 여기서 '떡'이란 말은 '먹는 물건'이란 뜻이지만, 번역서에 따라서 개역 성경에서는 "식물"로 해석을 했습니다. 그리고 공동번역에 보면 "돈이 있거든 눈 감고 사업에 투자해 두어라. 참고 기다리면 언젠가는 이윤이 되어 돌아올 것이다."라고 재미있게 해석을 했습니다.

본문의 의미는 이렇습니다. 장기간 항해를 해야 될 사람이 배에다 충분한 음식을 실었습니다. 그런데 항해를 떠나는 마당에 식량을 물에 던지라는 것입니다. 이것은 어떻게 보면 자본을 버리는 것같이 보이기도 하고, 무모하게 도박을 하는 것처럼 느껴지기도 합니다. 그러나 솔로몬을 통하여 주시는 지혜의 말씀은 "떡을 물에다 던지라"고 합니다. 그 이유는 도로 찾을 수 있다는 것입니다. 우리는 일반적으로 "물에다 자본을 던져서 무엇을 얻을 수 있다는 말인가?"라는 생각을 갖고 있습니다. 그러나 그러한 고민을 하지 말아야 하는 이유는 떡을 던진 이후의 일은 하나님께 속한 것이기 때문입니다. 은혜를 주시는 분은 하나님이십니다. 그러므로 나는 신실하신 하나님을 믿고 던지기만 하면 됩니다.

아브라함은 조상 때부터 살았던 고향 땅을 하나님께서 떠나라고 하셨을 때 무조건 떠났습니다. 성경에 보면 갈 바를 알지 못하고 떠났다고 했습니다. 이것이야말로 자기의 떡을 물위에 던지는 무모한 짓처럼 보이는 일입니다. 75세의 노인이 고향을 지키며 효도나 받으면서 살아도 되는데, 아브라함은 하나님의 말씀을 믿음으로 순종을 했습니다. 그러나 물위에 던져진 100세의 아브라함을 통하여 하나님은 그를 열국의 아버지가 되게 하셨고, 하늘의 별처럼 바다의 모래처럼 창대케 하셨습니다.

갈릴리 바다에서 고기를 잡아 생계를 유지했던 처음 제자들이 예수님께서 "나를 따르라"고 하셨을 때 저들은 배와 그물을 버리고 주님을 따랐다고 했습니다. 어부가 배와 그물을 버렸다는 것은 생계를 포기했다는 말입니다. 정말 목숨을 물위에 던진 모험이었습니다. 그러나 저들은 "사람을 낚는 어부가 되게 하겠다."는 주님의 말씀을 믿고 저들의 삶 전체를 물위에 아낌없이 내던졌습니다. 그러나 기독교 역사에 저들을 통해 이루신 하나님의 역사는 놀랍기만 합니다. 그렇습니다. 우리의 자본은 믿음의 바다에 과감하게 던져져야 합니다. 우리에게 주어진 달란트를 땅 속에 묻어 둔다면 녹슬어 없어지고 맙니다. 그러나 달란트를 믿음으로 사업장에 던질 때 갑절의 달란트를 더 얻을 수 있게 됩니다. 한 알의 밀알이 땅에 던져지지 아니하면 한 알 그대로 있지만 땅 속에 과감히 던져질 때 30배, 60배, 100배의 열매를 거두게 되는 역사가 일어납니다.

요즈음의 사람들은 함부로 투자를 하지 않습니다. 그것은 실패를 두려워하기 때문입니다. 컴퓨터를 이용하여 정확한 정보와 데이터를 보고 조심스럽게 몇 푼 내놓습니다. 그리고 점쟁이를 찾아가는 사람들이 그렇게 많다고 합니다. 인간이 똑똑한 것 같지만 이렇게 어리석습니다. 물론 컴퓨터가 아무리 정확하다고 할지라도 우리의 인생을 컴퓨터에 맡길 수는 없습니다. 컴퓨터는 우리를 구원할 수 없고, 부요케 하는 능력도 없습니다. 우리는 전능하신 하나님을

24. 투기에서 투자로

믿어야 합니다. 있다가도 없게 하시고, 없다가도 있게 하시는 하나
님을 믿어야 합니다. 그 분이 깊은 곳에 그물을 던지라고 하면 던져
야 합니다. 배 오른편에 그물을 던지라고 하면 그대로 던져야 합니
다. 물 항아리에 물을 채우라고 하시면 아귀까지 물을 채워야 합니
다. 우리에게 따라오라고 하시면 만사를 제쳐놓고 따라가야 합니다.

　　로마 제국의 네로 황제는 세상의 온갖 부귀영화를 다 누린 사람
입니다. 그가 머리에 쓰고 있던 왕관은 오늘날 시가로 10만 달러가
넘는 것이었고, 값비싼 고급 옷은 너무 많아 한 번 입고는 다시 입
지 않았다고 합니다. 그가 머물던 호화찬란한 왕궁은 복도의 길이
만 해도 1마일이 넘었습니다. 집안의 모든 벽은 자개와 상아로 멋있
게 장식되었고, 천장에는 특별한 샤워 장치가 있어서 왕궁을 찾아
오는 사람들을 향해 향수가 이슬처럼 뿌려지게 되어 있었다고 합니
다. 그가 한 번 출타할 때면 일천 명 정도의 군사와 마차가 행진하
였고, 그가 즐겨 타던 말과 노새의 발에는 은으로 장식된 신발이 신
겨졌다고 합니다. 또한 금으로 만든 낚시 바늘을 사용하여 낚시를
즐겼다고 합니다. 그러나 결국 그는 스스로 목숨을 끊고 말았습니
다. 그는 세상에서 자기의 보잘 것 없는 삶에 모든 투자를 하여 극
치의 영광과 부를 누렸지만, 그 삶의 끝에는 허무와 죽음밖에는 없
었습니다.

우리나라 전통 노래 가운데 '노세 노세 젊어서 노세'라는 노래가 있습니다. 만일 이 땅에서의 우리의 삶이 마지막이라면 이 노래는 명곡 중에 명곡일 것입니다. 그저 한 번 지나가는 것으로 끝나는 삶이라면 모험을 걸고 투자할 필요는 없습니다. 그냥 즐기기만 하면 됩니다. 그러나 인간은 인생을 마친 후에는 영원한 삶을 살아야 하는 영적 존재입니다. 그것이 천국에서 이어지는 영광된 삶이든, 지옥에서 영원히 살아야 하는 저주의 삶이든 인간은 둘 중에 어느 하나의 삶을 살아야 합니다. 그러므로 우리는 천국의 삶을 위한 투자를 결코 소홀히 해서는 안 됩니다.

대구의 실업가로서 옛날 체신부장관까지 지냈던 이태선이란 분이 있습니다. 대구의 섬유산업의 대부라고 불릴 정도로 사업에 성공한 분이었습니다. 이태선씨는 가난했던 소년 시절 성경말씀을 읽고 꿈을 키웠다고 합니다. 그가 교회학교에서 부장으로 봉직을 할 때 한 어린이가 이태선씨에게 이런 질문을 했다고 합니다. "선생님, 하늘나라의 전화번호가 몇 번이에요?" 너무 갑작스런 질문에 당황을 해서 우물쭈물 하다가 갑자기 이런 지혜가 떠올랐다고 합니다. 그래서 이렇게 대답을 했습니다. "애야, 하늘나라의 전화번호는 66-3927이란다." 그러자 그 어린이는 왜 66-3927이냐고 물었습니다. 그러자 이렇게 대답을 했습니다. "성경은 모두 66권이다. 구약성경이 39권이고, 신약성경이 27권이지. 그 속에 하늘나라가 모두 담겨져 있다. 이것이야말로 영원히 변치 않는 하늘나라의 전화번호란다." 그러자 그 학생이 다시 질문을 하는데 "선생님께서는 지금까지 투자한 것 중에서 가장 성공적인 것은 무엇입니까?" 그 때 이태선씨는 이렇게 단호한 어조로 이렇게 대답을 했다고 합니다. "내가 열두 살 때 최고의 투자를 한 적이 있단다. 그 때 나는 2,500원을 주고 성경 한 권을 샀단다. 이것이 가장 위대한 투자였지. 왜냐하면 이 성경이 오늘의 나를 만들었기 때문이란다."

우리는 슈바이처 박사에 대해서 잘 알고 있습니다. 그는 실력 있는 오르간 제작 및 연주자였고, 다섯 개의 박사학위를 갖고 있는 유명한 교수였습니다. 그런데 어느 날 슈바이처는 여행 중에 우연히 벽에 붙은 포스터에 그려진 벌거벗은 흑인 상을 봤습니다. 그리고 그 그림 밑에는 '누가 나를 위해 갈꼬!'라는 글이 쓰여 있었습니다. 슈바이처는 그 그림을 보고 자신의 남은 생애를 밀림의 불쌍한 원주민들을 위해 살겠다고 결심을 하게 됩니다. 그래서 그는 그를 아끼는 모든 사람들의 충고를 듣지 않고 의과 대학에 입학했습니다.

하지만 5년 뒤 의사가 된 그가 헬레네와 사랑에 빠지자 주변 사람들은 그가 사랑 때문에 그 동안 계획 해왔던 아프리카 행을 포기할 것이라고 생각했습니다. 마침내 슈바이처는 사랑하는 헬레네와 자신의 결심 앞에서 고민하기 시작했습니다. 그는 그녀와의 만남을 피하며 방황했습니다. 슈바이처가 자신 때문에 고심하고 있다는 사실을 알게 된 헬레네가 어느 날 그를 찾아왔습니다. 슈바이처는 헬레네를 한동안 바라보다가 결심이 선 듯 단호하게 말했습니다. "헬레네, 난 누구보다도 당신을 사랑하지만 오랫동안 계획해 왔던 아프리카 원주민들을 돕는 의사의 꿈을 버릴 수 없소. 당신의 남은 생애를 밀림 속에서 나와 함께할 수 있겠소? 만일 당신이 이러한 나의 청혼을 받아들일 수 없다고 해도 난 당신을 원망하지 않을 거요." 헬레네는 슈바이처의 얼굴을 물끄러미 바라보았습니다. 그의 핼쑥해진 모습은 그 동안 그가 얼마나 많이 고민했는지 알 수 있었습니다. 헬레네는 사랑하는 슈바이처의 얼굴을 바라보며 생긋 웃었습니다. 그리고 그의 손을 맞잡으며 말했습니다. "슈바이처, 그 동안 왜 혼자서만 그렇게 많은 고민을 하셨나요. 저도 정식으로 간호사 교육을 받은 사람이에요. 간호사인 저 없이 당신 혼자 그 일을 모두 해낼 수 있다고 생각하셨어요?" 그 뒤 헬레네는 아프리카의 원주민들을 위한 간호사이자 슈바이처의 아내로서 평생 동안 헌신적인 봉사자로 살았다고 합니다.

우리에게 주어진 세월은 의미 없이 흘러가지 않습니다. 우리 인생을 흔히 바다에 비유를 많이 합니다. 하나님은 우리에게 '너의 떡을 물 위에 던지라'고 명령하고 계십니다.

24. 투기에서 투자로

25

넓은 문에서
좁은 문으로

마태복음 7장 13,14절

"13좁은 문으로 들어가라 멸망으로 인도하는 문은 크고 그 길이 넓어 그리로 들어가는 자가 많고 14생명으로 인도하는 문은 좁고 길이 협착하여 찾는 자가 적음이라."(마 7:13,14)

우리가 그림을 그리면서 색을 칠하다 보면 무슨 색을 칠해야 하느냐의 문제를 갖고 고민을 할 때가 많습니다. 색상 문제가 고민스러울 수밖에 없는 이유는 색상의 종류가 무한대에 가까울 정도로 다양하기 때문입니다. 컴퓨터에서 디자인을 할 때 다양한 프로그램을 사용합니다. 그 디자인 프로그램에서 색을 만드는 것을 보면 빛의 3원색이라 할 수 있는 RGB 칼라를 사용합니다. R$_{red}$이란 빨강색을 말합니다. 그리고 G$_{green}$는 '녹색'을 말합니다. B$_{blue}$는 '파랑색'을 말하는데, 이 세 가지 색깔을 각각 적당히 어떻게 배합하느냐에 따라서 무한대에 가까운 색상을 만들 수 있습니다. 그래서 적당한 색상을 고른다는 것이 결코 쉽지 않습니다.

그런데 신앙의 색상은 복잡하지 않다는 사실을 기억해야 합니다. 신앙의 색상은 언제나 두 가지 밖에 없습니다. 흰색이 아니면 검은색입니다. 그래서 신앙의 세계는 언제나 흑백논리입니다. 흰색과 검은색의 중간 색상이라고 할 수 있는 회색이 있었으면 좋겠는

변두리에서 중심으로

데 그렇지 않습니다. 선이 아니면 악이요, 의가 아니면 불의입니다. 생명의 문제에 있어서도 중간 상태는 없습니다. 죄인 아니면 의인입니다. 생명 아니면 죽음입니다. 천국 아니면 지옥입니다. 하나님의 자녀가 아니면 그 사람은 마귀의 자녀입니다. 내가 지금 하나님을 섬기지 아니하면 그 사람은 지금 우상을 섬기고 있는 것입니다.

예수님께서는 그 유명한 산상수훈을 말씀하셨습니다(마 5~7장). 그 후 예수님은 결론처럼 본문을 말씀하시게 됩니다. 그 결론의 요지는 이제 '넓은 문과 좁은 문' 중에서 하나를 선택하라고 하십니다. 인생은 끊임없는 선택의 연속이라고 해도 과언이 아닙니다. 아침에 일어나 옷을 입을 때도 선택의 고민을 해야 합니다. 식당에서 음식을 시킬 때에도 선택을 해야 합니다. 사람을 만나서 이야기를 나눌 때에도 해야 할 말을 선택해야 합니다. 더 나아가 학생들이 대학에 입학시험을 볼 때도 자기 진로를 선택해야 합니다. 그리고 직장도, 배우자도, 심지어 내가 다닐 교회도 선택을 요구하고 있습니다. 이런 선택에 따라서 나의 인생이 행복해지기도 하고 불행해지기도 합니다. 그런데 더 중요한 것은 영적인 선택입니다. 성경은 끊임없이 우리의 선택을 강요하고 있습니다.

"내가 오늘 하늘과 땅을 불러 너희에게 증거를 삼노라 내가 생명과 사망과 복과 저주를 네 앞에 두었은즉 너와 네 자손이 살기 위하여 생명을 택하

고"(신 30:19)

"만일 여호와를 섬기는 것이 너희에게 좋지 않게 보이거든 너희 조상들이 강 저쪽에서 섬기던 신들이든지 또는 너희가 거주하는 땅에 있는 아모리 족속의 신들이든지 너희가 섬길 자를 오늘 택하라 오직 나와 내 집은 여호와를 섬기겠노라 하니"(수 24:15)

"여호와께서 말씀하시기를 보라 내가 너희 앞에 생명의 길과 사망의 길을 두었노라 너는 이 백성에게 전하라 하셨느니라"(렘 21:8)

사람이 살아가면서 선택해야 할 것이 많은 것 같지만 사실은 두 가지 중에 하나입니다. 여기에서 인생의 운명이 결정됩니다. 하나님은 인간에게 자유의지를 주셨기 때문에 우리가 로봇처럼 자동적으로 어느 길을 선택할 수는 없습니다. 언제나 선택의 자유는 나에게 있습니다. 그러나 그 선택의 책임은 내가 감당해야 합니다. 잘못된 선택의 결과는 항상 나에게 심판으로 주어지게 됩니다. 그러므로 우리가 둘 중에 하나를 선택해야 할 때 반드시 지혜가 있어야 합니다.

그것은 미래 지향적으로 생각해야 한다는 것입니다. 문이라고 하는 것은 입구에 불과합니다. 문제는 문을 연 후 어떤 미래가 준비되어 있느냐가 중요합니다. 수험생들이 공부하는 것이 좋아서 밤잠을 자지 않고 책과 씨름하는 학생은 한 사람도 없을 것입니다. 그럼에도 저들이 공부를 하는 이유는 미래를 생각하기 때문입니다. 훌륭한 대학에 입학하여 멋진 학창시절을 보내고, 훗날 성공적으로 사회에 진출하고자 하는 꿈이 있기 때문에 저들은 좁은 문으로 들어가는 것입니다.

주님께서 말씀하신 좁은 문의 깊은 의미 속에는 그리스도인의 삶이 그 시작부터 좁고 협착하다는 것을 암시해 줍니다. 좁은 문은 너무나 좁기 때문에 이 문을 통과하기 위해서 우리가 포기하지 않으면 안 되는 것들이 많습니다.

첫째로, 세상적인 것들을 내려놓아야 합니다. 성경에 어느 부자 관원 이야기가 나옵니다. 그는 영생에 대해서 관심이 많은 사람이었습니다. 그래서 그는 예수님을 찾아 나와 어떻게 하면 영생을 얻을 수 있는지를 질문했습니다. 그는 십계명까지 다 지켰다고 주님께 고백을 한 것을 보면 영생을 위한 몸부림이 있었다는 것을 알 수 있습니다. 그 때 예수님은 너의 재산을 가난한 사람에게 나누어 주고 당신을 따르라고 하셨습니다. 이 말씀은 재산이 많은 사람은 구원을 받을 수 없다는 말씀이 아닙니다. 예수님은 이 관원이 재물에 노예가 되어 있다는 사실을 알고 계셨습니다. 결국 이 관원은 망설이다가 근심 어린 얼굴을 하며 돌아가 버리고 말았습니다.

오늘 날 이 부자 관원의 생각을 갖고 있는 사람이 의외로 많습니다. 즉 재물도 갖고 싶고 영생도 갖고 싶어 하는 것입니다. 그러나 영생으로 인도하는 좁은 문은 두 가지를 모두 가지고 들어갈 수 없다는 것이 예수님의 말씀의 요지입니다. 어떤 의미에서 선택이란 어느 하나를 갖는 것이 아니라, 어느 하나를 포기하는 일입니다. 넓은 문을 포기해야 좁은 문으로 들어갈 수 있습니다. 배와 그물을 포기해야 예수님의 제자가 될 수 있습니다. 재물을 내려놓아야 영생으로 인도하는 문으로 들어갈 수 있습니다.

세계적인 테너 가수인 파바로티는 어릴 때부터 음악적인 재능을 가지고 있었습니다. 빵장수를 하던 아버지는 아들의 재능을 키워주기 위해 애를 썼습니다. 그러나 청년기를 거치면서 파바로티의 관심은 오히려 교육에 쏠려 대학에서도 교육을 전공하게 됩니다. 졸업 때가 가까워지자 파바로티가 진로문제를 놓고 고민에 빠지게 되었습니다. 그는 내심 성악과 교육을 동시에 붙잡고 싶었던 것입니다. 그 때 아버지가 파바로티의 방에 들어가 방안에 있던 의자 두개를 멀리 떼어 놓은 뒤 이렇게 말했습니다. "이처럼 멀리 떨어져 있는 의자 위에 동시에 앉으려면 너는 바닥에 떨어지고 만다. 의자에 앉으려면 반드시 한 의자만 선택해야 하고 그 선택은 네 자신이 해야 한다." 결국 청년 파바로티는 심사숙고한 끝에 성악을 선택했다고 합니다. 최선을 선택하고 차선을 포기해야 하는 결단이 우리에게 요구됩니다.

둘째로, 우리가 포기해야 하는 것은 나의 자아自我입니다. 옛 사람의 타락된 성품을 말합니다. 사람들이 넓은 문을 지향하는 이유 중에 하나는 자기 스타일로 걸어갈 수 있기 때문입니다. 그러나 좁은 문에서는 자기의 개성이 용납되지 않습니다. 광야를 걸어가는 이스라엘 백성이 오직 구름기둥과 불기둥을 따라갔듯이, 철저히 인도하심을 받아야만 하는 것이 좁은 문입니다.

아메리카 서부의 대평원을 지나면 '죽음의 계곡'이라고 불리는 곳이 있다고 합니다. 이 계곡으로 들어간 사람 중에 단 한 사람도 살아오지 못했기 때문에 붙여진 이름입니다. 그런데 어느 여름 날, 건장한 청년 한 사람이 '죽음의 계곡' 근처에 있는 어느 인디언 마을에 도착을 했습니다. 그는 왜 이제까지 한 사람도 그 계곡에서 살아나오지 못했는지 그 이유를 알아보기 위해서 온 것이었습니다. 인디언은 한사코 이 청년을 말리며 한 발자국도 가지 못하도록 붙잡았습니다. 그 때 청년은 "아닙니다. 그래도 저는 갑니다. 그리고 어떠한 일이 있어도 살아서 돌아올 것입니다." 라고 말하면서 '죽음의 계곡'으로 들어갔습니다.

긴장하기 시작한 청년은 아무리 사방을 둘러보아도 사람이 죽을 만한 위험이 도사리고 있는 곳을 발견할 수 없었습니다. 그저 평화롭기만 했습니다. 다시 길을 가기 시작한 청년은 계곡의 굽이까지 오게 되었습니다. 그런데 거기에는 계곡 아래 강으로 이어지는 두 갈래의 길이 있었습니다. 오른 쪽 길은 비록 좁기는 했지만 사람이 걸어갈 만한 길이었습니다. 그런데 왼쪽 길은 가시덤불과 잡초가 엉겨 있어서 단 한 사람도 가지 않은 것처럼 보였습니다.

청년은 두 갈래 길 앞에서 고민하기 시작했습니다. 그 때 지혜가 떠올랐습니다. 그 청년은 큰 돌멩이 하나를 주워 오른쪽 길을 향해 던져보았습니다. 그런데 소리도 없이 돌멩이는 자취가 없어졌습니다. 몇 번이고 던져보지만 똑같았습니다. 그 청년은 그 오른 쪽 길은 길이 아니라 깊은 수렁임을 알게 되었습니다. 그래서 그 청년은 단 한 사람도 간 적이 없는 왼쪽 길로 가서 목숨을 건졌다고 합니다.

예수님은 '좁은 문' 뿐만 아니라 '좁은 길'도 말씀하셨습니다. 이 두 개념을 연관시켜 생각해 본다면 비장한 각오로 좁은 문을 선택했다고 해서 그것으로 끝나지 않는다는 점입니다. 문을 열었다는 것은 시작을 의미할 뿐입니다. 이제부터 예수님의 말씀처럼 자기를 부인하고 자기 십자가를 지고 주님을 따라가야 하는 그야말로 좁은 길을 걸어가야 합니다. 그러나 이토록 힘든 길이 앞에 놓여있다고

변두리에서 중심으로

해서 지레 겁을 먹고 주저앉아 버리거나 뒤돌아설 필요는 없습니다. 왜냐하면 현재 감당하는 수고나 고난과는 족히 비교할 수 없는 엄청난 영광이 그 길의 종점에서 나를 기다리고 있기 때문입니다.

"생각하건대 현재의 고난은 장차 우리에게 나타날 영광과 비교할 수 없도다"(롬 8:18)

그리고 우리가 좁은 문을 두려워하지 말아야 하는 이유는 나 혼자 그 문으로 들어가는 것이 아니기 때문입니다. 좁은 문은 사이즈가 작다는 의미이지 들어가지 못하는 문은 아닙니다. 수많은 믿음의 성도들이 그 문으로 들어갔습니다. 좁은 길도 마찬가지입니다. 길이 좁다는 의미일 뿐이지 걸어갈 수 없는 길은 아닙니다. 얼마나 많은 믿음의 선조들이 그 길을 따라 걸어갔는지 모릅니다. 나도 그 믿음의 반열에 들어가는 일이기 때문에 영광스러운 길이기도 합니다.

또한 성도들은 이 길을 외로이 혼자 걸어가는 것이 아닙니다. 그 길은 주님의 발자취를 따라가는 길이기 때문에 우리 주님이 반드시 동행해 주십니다. 또 걸어갈 수 있는 능력도 함께 주십니다. 에녹은 삼 백년 동안 하나님과 동행하며 살다가 천국에 들어갈 수 있었습니다. 바울도 온갖 핍박과 고난 속에서 복음을 증거할 때 주님은 바울에게 환상으로 나타나 주셨습니다. 그리하여 바울도 다시 걸어갈

25. 넓은 문에서 좁은 문으로

수 있도록 도와주셨습니다.

　이 세상에는 사람 숫자만큼이나 문도 많고 길도 많습니다. 사람들은 저마다 자기의 길을 찾아 갑니다. 그 길의 마지막에 무엇이 있는지조차 모르고 막연하게 걸어가고 있습니다. 이것처럼 위험하고 무모한 일은 없습니다. 휴전선 부근에 있는 '돌아오지 않는 다리'처럼 다시 돌이킬 수 없기 때문입니다. 우리는 위대한 문과 길을 만나야 합니다. 그것은 예수 그리스도입니다. 예수님은 당신이 양의 문이라고 하셨습니다. 그리고 길이요 진리요 생명이라고 하셨습니다. 세상에는 문과 길에도 빈부의 차이가 있습니다. 왕이 들어가는 문이 있고 왕의 대로도 있습니다. 그러나 주님에게는 빈부의 차이가 없습니다. 오직 생명만 들어가는 문이기 때문입니다. 그러므로 세상에는 길이 많은 것 같지만 그렇지 않습니다. 오직 주님 밖에 참 길은 없습니다.